NCS 기반 직업기초능력(자기개발능력) 향상을 위한

인성과 진로

본 연구과제는 2014년 교내 학술연구지원비로 수행한 연구결과물입니다.

NCS 기반 직업기초능력(자기개발능력) 향상을 위한

인성과 진로

하정연 · 오정희 공저

인성교육에서는 자신의 정체감을 확립하고 건전하고 조화로운 인성을 형성함으로서 불안한 미래에 대한 자기 확신을 가질 수 있는 내용을 중점으로 다루며, 진로지도에서는 적극적이고 능동적인 직업인으로 성장하기 위해 필요한 태도와 역량을 길러주기 위한 실질적인 내용을 제시하였다. 특히 본 학습자료는 다양한 사회적 이슈와 최신 정보, 자신을 성찰해 보고 스스로 답을 찾아보는 실제 활동을 포함하여 인성과 진로지도의 교육적 효과를 극대화할 수 있도록 하였다.

동 문 사

머리말

오늘날 국가, 사회, 기업에서 요구하는 인재는 창의적 인성과 직업적 소양을 갖춘 전문인이라는 점에서 대학생들이 자기개발능력을 갖추는 것은 매우 중요하다고 할 수 있다. 더욱이 세계적으로 평생직장이라는 말이 사라지고 평생 동안 여러 개의 직업경력을 가지는 사람도 증가하고 있어 대학시절부터 자신의 능력을 꾸준히 개발하여 가치를 높여 나갈 필요가 있다. 더욱이 해마다 대학을 졸업하는 학생들은 증가하는데 비해 취업난과 구직난은 더욱 심화되고 있는 현실에서 개인이 만족할 만한 좋은 직장을 선택하고 자아실현을 이루는 것은 쉽지 않은 일이다.

이에 최근 많은 대학에서는 학생들이 직업 세계에서 성공할 수 있도록 자신의 특성, 적성, 능력을 이해하고 효율적으로 자기를 관리하면서 경력을 개발해 나가는데 지대한 관심을 기울이고 있다. 이는 대학에서 개인이 선호하고 희망하는 직업 세계에 성공적으로 입문할 수 있도록 건전한 인성 함양과 직업적 능력을 발휘할 수 있는 체계적이고 현실적인 진로교육이 필요함을 보여준다.

이 책에서는 대학생들에게 필요한 인성교육과 진로지도를 위한 가이드라인을 제시하고자 하였다. 따라서 자신의 정체감을 확립하고 건전하고 조화로운 인격 형성을 위한 인성교육과 적극적이고 능동적인 직업인으로 성장하기 위해 필요한 태도를 기를 수 있는 진로지도에 대한 내용을 중심으로 구성하였다. 특히 학생들이 학습한 내용을 실제적으로 활용할 수 있도록 다양한 사례와 워크시트를 첨부하여 인성과 진로지도에 대한 구체적인 이해를 도왔다.

인성과 진로지도의 실제를 학생들에게 쉽게 전달할 수 있도록 기술되어야 하고, 학생들에게 실질적인 도움이 되어야 한다는 원칙을 가지고 집필하였음에도 불구하고 미흡한 점이 많을 것으로 생각된다. 앞으로 이러한 점에 대해 지속적으로 보완하고 개선해 나가도록 노력할 것이다. 이 책이 인성과 진로지도에 대한 교수자와 학습자들의 이해를 돕고 미래 직업인으로 자리매김하는 데 다소나마 도움이 되길 기대해 본다.

끝으로 이 책의 출판을 도와주신 동원과학기술대학교 교수학습개발센터와 동문사 관계자 여러분들께 진심으로 감사를 드린다.

2015년 1월

저자 일동

대영역		
직업윤리	소영역	교과목명
조직이해능력	–	–
기술능력	–	–
정보능력	–	–
대인관계능력	–	–
자원관리능력	–	–
자기개발능력	자아인식능력	인성과 진로
	자기관리능력	
문제해결능력	경력개발능력	
수리능력	–	–
의사소통능력	–	–

학습자료 사용안내

1. 소개

본 학습자료는 미래 직업인인 대학생에게 공통적으로 요구되는 10가지 직업기초능력 가운데 하나인 자기개발능력에 관한 교수학습지침서이다. 오늘날 국가, 사회, 기업에서 요구하는 인재상이 인성과 직업적 소양을 갖춘 직업인이라는 점에서 대학생들이 직무수행에 근간이 되는 자기개발능력을 갖추는 것은 매우 중요하다고 할 수 있다. 또한 세계적으로 평생직장이라는 말이 사라지고 평생 동안 여러 개의 직업경력을 가지는 사람도 증가하고 있어 대학시절부터 자신의 능력을 꾸준히 개발하여 가치를 높여 나갈 필요가 있다. 따라서 대학생들이 직업 세계에서 성공할 수 있는 자신의 능력, 적성, 특성을 이해하고 직업 유형에 따라 요구되는 능력 요건에 관심을 가지고 목표를 설정하여 효율적으로 자기를 관리하면서 경력을 개발해 나가는데 도움을 주는 내용으로 작성되었다.

이에 따라 본 학습자료에서는 자기개발능력을 함양하기 위하여 인성교육과 진로지도에 강조점을 두고 집필되었다. 인성교육에서는 자신의 정체감을 확립하고 건전하고 조화로운 인성을 형성함으로서 불안한 미래에 대한 자기 확신을 가질 수 있는 내용을 중점으로 다루며, 진로지도에서는 적극적이고 능동적인 직업인으로 성장하기 위해 필요한 태도와 역량을 길러주기 위한 실질적인 내용을 제시하였다. 특히 본 학습자료는 다양한 사회적 이슈와 최신 정보, 자신을 성찰해 보고 스스로 답을 찾아보는 실제 활동을 포함하여 인성과 진로지도의 교육적 효과를 극대화할 수 있도록 하였다.

2. 구성

본 학습자료는 사용안내, 자기진단, 학습모듈로 구성되어 있다.

사용안내에서는 교재의 전체적인 개요와 구성을 설명하고 교수자와 학습자에게 효과적인 활용방법과 학습방법을 소개한다. 자기진단에서는 학습자가 학습모듈을 학습하기 전에 각 학습모듈에 대한 현재의 수준을 스스로 진단하고 자신에게 필요한 학습활동이 무엇인지를 안내한다.

학습모듈은 자기개발능력을 향상시키기 위해 인성교육에 대한 5개의 학습모듈과 진로에 대한 5개의 학습모듈로 구성되어 있다. 학습모듈의 구체적인 내용은 다음과 같다.

- 학습모듈 Ⅰ. 인성교육은 직업인의 중요한 조건 중 하나인 인성에 대해서 알아보고 인성의 중요성과 구성요소, 그리고 인성을 쌓기 위한 방법에 대해 알아보는 내용으로 구성되어 있다.
- 학습모듈 Ⅱ. 자아인식은 자신의 흥미, 성격, 적성, 자신의 과거·현재를 알아보고 미래를 계획하는 것으로 직업인이 조직 내에서 자기관리를 하기 위해서는 자신의 흥미, 성격을 비롯한 자신의 전반을 파악해보는 내용으로 구성되어 있다.
- 학습모듈 Ⅲ. 자기관리 능력은 자신의 행동을 통제하고 관리하며, 합리적이고 균형적으로 조정하는 능력을 기르기 위해 시간관리, 스트레스 관리, 학습 관리를 원활하게 함으로써 자기관리를 성공적으로 할 수 있는 내용으로 구성되어 있다.
- 학습모듈 Ⅳ. 인간관계는 성공적인 직업 생활을 위해 필요한 자신의 인간관계 및 인맥을 점검하고 바람직한 인맥 관리와 의사소통 방법에 대한 내용으로 구성되어 있다.

- 학습모듈 Ⅴ. 리더십은 리더십의 개념과 중요성, 리더십 유형, 리더십 구성요소 등을 알아봄으로써 자아를 형성하고 진로 결정을 해야 하는 대학생에 필요한 리더십이 무엇인지에 대한 내용으로 구성되어 있다.
- 학습모듈 Ⅵ. 진로탐색은 자신을 이해하고 자신의 능력, 적성, 특성에 적합한 직업이 무엇인지를 알아보는 과정으로 진로를 계획하고 관심 있는 직업을 탐색해 보는 내용으로 구성되어 있다.
- 학습모듈 Ⅶ. 진로설계는 삶에 대한 총체적 안목을 가지고 자신의 목표가 무엇인지에 대해 생각해 보고, 지금 내가 해야 할 일이 무엇인지, 어떤 노력이 필요한지 등에 대해 체계적인 계획을 수립해 보는 내용으로 구성되어 있다.
- 학습모듈 Ⅷ. 경력개발은 자신의 진로에 대하여 단계적 목표를 설정하고 목표성취에 필요한 역량을 개발하기 위한 내용과 방법에 대해 알아보는 내용으로 구성되어 있다.
- 학습모듈 Ⅸ. 취업전략은 구체적인 취업목표를 설정하고 희망직업을 명확히 선택하여 관련 기업 또는 목표 기업에 대한 정보를 수집하고 분석해 보는 내용으로 구성되어 있다.
- 학습모듈 Ⅹ. 취업준비는 자신의 취업준비 상태를 점검해 보고 취업준비를 위해 가장 중요한 서류인 이력서와 개성 있는 자기소개서 작성 방법에 대해 살펴보고 성공적인 면접을 위한 준비와 자세에 대해 알아보는 내용으로 구성되어 있다.

각 학습모듈은 학습목표, 주요용어, 학습활동, 학습정리, 종합평가로 구성되어 있다. 학습목표에는 각 학습모듈의 일반목표와 세부목표가 제시되어 있으며, 주요용어에는 각 학습모듈에서 사용되는 중요한 용어(keyword)를 제시하였다.

학습활동은 기본학습과 심화활동으로 구성되어 있으며, 기본학습에서는 자기개발능력의 향상에 유용한 인성과 진로의 필수적인 학습내용이 제시되어 있으며, 심화활동에서는 학습자가 자신을 성찰해 보고 스스로 답을 찾아보는 워크시트 활동을 통해 기본학습의 내용을 보다 심화시키는 내용으로 구성되어 있다.

학습정리에는 각 학습모듈의 주요 내용이 정리되어 제시되어 있다. 그리고 종합평가에는 해당 학습활동의 성취수준을 평가하고 미흡한 부분을 피드백 받을 수 있도록 점검표가 제시되어 있다.

전체적인 개발구성도를 제시하면 다음과 같다.

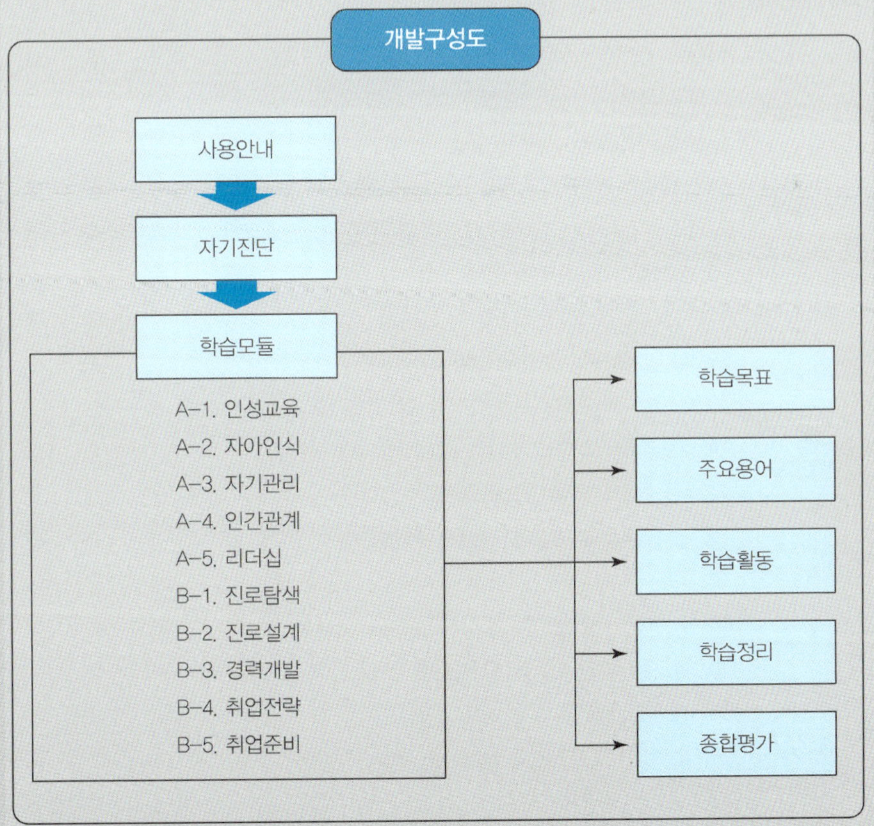

자기 진단

1. 자기 진단 점검표

다음은 모든 직업인에게 공통적으로 요구되는 인성과 진로 수준을 스스로 알아볼 수 있는 점검표입니다. 본인의 평소 행동을 잘 생각해 보고, 행동과 일치하는 것에 체크해 주십시오.

영 역	문 항	미흡	보통	우수
인성교육	1. 인성의 의미와 중요성을 이해하고 설명할 수 있다.	①	②	③
	2. 인성의 구성요소를 이해하고 설명할 수 있다.	①	②	③
자아인식 (자기개발능력)	3. 나의 흥미와 성격을 진단하고 설명할 수 있다.	①	②	③
	4. 나의 과거, 현재를 설명할 수 있다.	①	②	③
자기관리 (자기개발능력)	5. 나의 시간관리를 진단하고 바람직한 시간관리법을 수립할 수 있다.	①	②	③
	6. 나의 스트레스 원인을 진단하고 스트레스 관리법을 수립할 수 있다.	①	②	③
	7. 나만의 학습전략을 세울 수 있다.	①	②	③
인간관계	8. 인간관계의 의미를 알고 나의 인간관계를 점검할 수 있다.	①	②	③
	9. 나의 인맥을 체크하고 바람직한 인맥 관리법을 수립할 수 있다	①	②	③
리더십	10. 리더십의 개념, 중요성, 유형을 설명할 수 있다.	①	②	③
	11. 리더십의 구성요소를 설명할 수 있다.	①	②	③
진로탐색	12. 나는 진로탐색이 무엇인지 설명할 수 있다.	①	②	③
	13. 나는 미래 직업인으로서 나의 장단점, 흥미, 적성 등을 설명할 수 있다.	①	②	③
진로설계	14. 나는 미래 직업인으로서 나의 직업목표를 스스로 수립할 수 있다.	①	②	③
	15. 나는 나에게 적합한 진로를 설계할 수 있다.	①	②	③
경력개발 (자기개발능력)	16. 나는 경력개발이 무엇인지 설명할 수 있다.	①	②	③
	17. 나는 나의 경력개발 단계에 따라 계획을 수립할 수 있다.	①	②	③
취업전략	18. 나는 취업과 관련된 최근의 이슈가 무엇인지 설명할 수 있다.	①	②	③
	19. 나는 취업전략이 왜 중요한지 설명할 수 있다.	①	②	③
취업준비	20. 나는 이력서를 작성할 수 있다.	①	②	③
	21 나는 차별화된 나만의 자기소개서를 작성할 수 있다.	①	②	③
	22. 나는 면접의 절차를 설명할 수 있다.	①	②	③

2. 진단 방법

점검표의 문항별로 자신이 체크한 결과를 아래 표에 기록해 보세요.

문항	수준	개수	학습모듈명
1–2	미흡/보통/우수	우수 (　　)개 보통 (　　)개 미흡 (　　)개	학습모듈 Ⅰ. 인성교육
3–4	미흡/보통/우수	우수 (　　)개 보통 (　　)개 미흡 (　　)개	학습모듈 Ⅱ. 자아인식
5–7	미흡/보통/우수	우수 (　　)개 보통 (　　)개 미흡 (　　)개	학습모듈 Ⅲ. 자기관리
8–9	미흡/보통/우수	우수 (　　)개 보통 (　　)개 미흡 (　　)개	학습모듈 Ⅳ. 인간관계
10–11	미흡/보통/우수	우수 (　　)개 보통 (　　)개 미흡 (　　)개	학습모듈 Ⅴ. 리더십
12–13	미흡/보통/우수	우수 (　　)개 보통 (　　)개 미흡 (　　)개	학습모듈 Ⅵ. 진로탐색
14–15	미흡/보통/우수	우수 (　　)개 보통 (　　)개 미흡 (　　)개	학습모듈 Ⅶ. 진로설계
16–17	미흡/보통/우수	우수 (　　)개 보통 (　　)개 미흡 (　　)개	학습모듈 Ⅷ. 경력개발
18–19	미흡/보통/우수	우수 (　　)개 보통 (　　)개 미흡 (　　)개	학습모듈 Ⅸ. 취업전략
20–22	미흡/보통/우수	우수 (　　)개 보통 (　　)개 미흡 (　　)개	학습모듈 Ⅹ. 취업준비

3. 진단 결과

진단방법에 따라 자신의 수준을 진단한 후, 한 문항이라도 '미흡하다'가 나오면 그 부분이 부족한 의미이므로 관련된 학습내용을 교재에서 참조하여 학습하도록 한다.

목 차

학습모듈 I

개 요

인성교육은 요즘 사회에서 스펙 이상으로 강조되는 요소이다. 직업인의 조건 중 능력도 중요하지만 인성이 뒷받침 되지 않은 능력은 의미가 없다는 말이 나올 정도이다. 여기에서는 인성의 의미, 인성교육의 중요성, 인성의 구성요소, 기본 인성 쌓기를 위한 몇 가지 활동을 제시한다.

학습목표

1) 일반 목표

미래의 직업인으로써 인성의 중요성을 알고, 인성의 구성 요소인 긍정성, 밝음과 쾌활, 예절과 에티켓, 친화와 협력성, 자제력과 통제력을 이해하고 습득한다.

인성교육

2) 세부 목표

- 인성의 의미를 이해하고 설명할 수 있다.
- 인성교육의 중요성을 이해하고 설명할 수 있다.
- 인성의 구성요소를 이해하고 설명할 수 있다.
- 기본 인성 쌓기의 활동을 이해하고 설명할 수 있다.

주요 용어

인성, 인성교육, 긍정성, 밝음과 쾌활, 예절과 에티켓, 친화와 협력성, 자제와 통제력, 기본 인성 쌓기

1 인성의 의미

인성은 인간이 지향하고 성취해야하는 인간다운 면모, 성질, 자질, 품성을 말한다. 따라서 인성교육은 지식교육에 대비되는 개념으로 사람다운 사람이 되도록 하는 일종의 가치교육이라고 할 수 있다.

2 인성교육의 중요성

한때는 기업이 신입사원을 채용할 때 스펙을 중요하게 여겼지만 요즘 들어 가장 중요하게 여기는 요소가 '인성'이다. "스펙 좋은 사람 뽑았더니 1년도 안 돼 떠나버리더라", "인성이 뒷받침되지 않은 능력은 오히려 해악"이라는 말까지 나오고 있다.

이렇듯 인성을 강조하게 된 배경에는 시대상황이 한 몫하고 있다. 21세기 인간사회는 정보화, 기술화, 국제화, 다원화 등으로 특징지을 수 있다. 이러한 과정에서 인간의 삶은 물질적으로는 풍요로워졌지만 정신은 비인간화·비도덕화로부터 고통을 받고 있다. 이러한 추세 속에서 자칫 인간다움, 인격적 정체성과 같은 가치들은 크게 축소되거나 상실될 수 있다.

따라서 한 인간으로서 인간다운 삶을 살고, 현대 사회의 비윤리적이고 비도덕적인 문제를 치유하기 위해서는 인성교육이 절실히 필요하다.

3 인성의 구성요소

1) 긍정성

긍정성은 어떤 환경에서든 밝은 기운을 발산하고 긍정적으로 받아들이는 태도를 말한다.

마쓰시타에게서 배우는 긍정

마쓰시타 고노스케는 세계적인 부호이자 사업가로 '내쇼날' 상표의 창업자다. 그의 유명한 에피소드가 있다.

"회장님은 어떻게 하여 이처럼 큰 성공을 하셨습니까?"

누군가가 마쓰시타 회장에게 물었다. 이에 대한 마쓰시타 회장의 대답은 이랬다.

"내가 성공할 수 있었던 것은 3가지 큰 행운이 있었기 때문이다. 첫째는 집이 몹시 가난했던 것이다. 그 덕분에 나는 어릴 때부터 구두닦이, 신문팔이 같은 고생을 하였고 이를 통해 세상을 살아가는 데 필요한 경험을 얻을 수 있었다. 둘째는 허약하게 태어난 것이다. 그 때문에 항상 건강관리에 힘썼으므로 늙어서도 건강하게 지낼 수 있었다. 셋째는 배우지 못한 것이다. 초등학교 4학년을 중퇴했기 때문에 이 세상 모든 사람들을 스승으로 받들어 항상 배우는 노력을 할 수 있었다."

마쓰시타는 어려운 여건 속에서도 현실을 인정하고 긍정적으로 세상을 바라보는 눈을 가졌고, 이러한 그의 긍정성은 대기업을 일구는 초석이 되었다.

출처 조관일(2014). N형 인간. 현문.

2) 밝음과 쾌활

우리나라 기업에서 신입사원을 뽑을 때 최고의 덕목은 밝고 긍정적인 인성인 것으로 나타났다. 취업·인사 포털 인크루트가 인사담당자를 대상으로 어떤 유형의 사람을 채용하는지 설문조사를 했더니 51.6%가 '밝고 긍정적인 사고방식'의 신입사원을 채용한다고 답하였다(중앙일보, 2008. 12. 24).

3) 예절과 에티켓

예절이란 예의와 범절의 준말로 일상생활이나 직장생활에서 서로 마찰을 없애고 불편을 덜기 위한 마음가짐이며, 나를 낮추고 상대방을 존중하는 마음자세이자 행동규범이다.

에티켓(Etiquette)은 예절과 같은 의미로 사용되고 있는 서양의 외래어로서 다른 사람을 대할 때의 마음가짐이나 태도를 말하며, 실내·외에서의 에티켓, 남녀 간의 예의, 복장, 길흉사, 식사예절 등 생활 전반에 걸친 예절을 포함하는 것이다(이영희 외, 2010).

(1) 인사의 기본자세

인사를 할 때, 얼굴에는 미소를 머금고 머리, 목, 등, 허리, 다리를 위에서 당긴다는 느낌으로 반듯하게 한다.

(2) 인사 요령

① 인사는 항상 명랑하고 활기차게 먼저 한다.
② 곧은 자세를 취하고, 인사 전후에 상대방의 눈을 보며 미소를 짓는다.
③ 목례는 15도, 보통례는 30도, 정중례는 45도 정도로 상체를 숙인다.
④ 목과 허리를 곧게 한 상태에서 상반신 전체를 동시에 숙인다.
⑤ 숙일 때보다는 조금 빠른 속도로 몸을 일으킨다.
⑥ 다리를 가지런히 하고 무릎사이는 붙인다.
⑦ “안녕하십니까?”, “반갑습니다” 등의 인사말을 주고받는다.

(3) 전화예절

- 전화를 할 때

  - 전화를 걸기 전에 전할 메시지와 메모지를 준비한다.
  - 상대방이 나오면 자기 이름과 소속을 밝힌다.
  - 상대방을 확인하고, 인사를 교환한다.
  - 용건은 메모를 보면서 대화를 한다.
  - 결론이나 약속사항을 서로 확인한다.
  - 마무리 인사를 교환한다.
  - 상대방이 전화를 끊고 난 후에 조용히 전화를 끊는다.

- 전화를 받을 때

  - 벨이 두 번째 울릴 때 받는 것이 좋다.
  - 평소 때보다 더욱 명랑하고 친절한 목소리로 응대한다.
  - 수화자 소개를 여유 있게 한다. "감사합니다. ○○○입니다."
  - 상대방을 확인하고 용건을 묻는다.
  - 대화가 끝나면 마무리 인사를 하고 전화를 끊는다. 이때 전화를 건 사람이 먼저 끊는다.
  - 잘못 걸려 온 전화도 친절하게 받고 안내한다.
  - 다른 직원에게 바꾸어 주어야 할 때, "잠시만 기다려 주십시오. ○○○님을 바꾸어 드리겠습니다."

4) 친화와 협력성

인성의 조건으로 사람을 좋아하고 협력하는 품성을 들 수 있다. 긍정심리학자인 마틴 셀리그만은 여러 실험을 통하여 타인에 대한 친절의 가치가 매우 크다는 것을 입증했다. 친구와 어울리기, 영화 관람, 초콜릿 먹기 등과 같은 즐거운 활동을 한 뒤의 느낌에 비해 친절한 행동을 한 뒤의 여운이 더 강렬하다고 하였다.

돌고래의 의리

국립수산과학원 고래연구소는 동해에 서식하는 고래류를 조사하는 과정에서 촬영한 참돌고래의 이타적 행동 영상을 미국 비영리 야생동물단체 'Earth Views Productions'에서 제작하는 '돌고래류의 조력(助力)'에 관한 영상물 자료로 활용한다고 밝혔다.

고래연구소는 2008년 6월 27일 시험조사선을 타고 참돌고래 떼를 추적하던 중 경북 경주 감포~울산 정자 해역에서 20여 마리의 참돌고래 무리가 죽어가는 한 마리 고래가 숨을 쉴 수 있도록 수면 위로 몸을 밀어 올려주는 장면(본지 2008년 9월 11일 자 1면 보도)을 2시간 동안 촬영하는 데 성공했다. 포유류인 참돌고래는 물속에 계속 있으면 숨을 쉬지 못해 죽는다. 동료들의 눈물겨운 노력에도 결국 숨을 거둔 참돌고래 한 마리가 물속으로 가라앉으면서 참돌고래의 '장례 의식'은 막을 내렸다. 특히 참돌고래가 숨진 이후에도 동료들은 마치 죽음을 애도하듯 한참 동안 자리를 뜨지 않은 채 주위를 맴돌아 뭉클함을 자아냈다.

이 같은 참돌고래의 이타적 행동이 포착된 사례는 세계적으로도 드물다. 이 사건이 2012년 국제학술지에 발표되면서 영국 BBC 등 세계 언론의 주목을 받았다.

출처 국제신문(www.kookje.co.kr). 2014. 6. 30

5) 자제력과 통제력

사람은 위기 때 알아본다. 역경에 처했을 때 본연의 인성이 드러난다. 훌륭한 인성의 소유자는 위기를 맞아 스스로를 잘 통제하고 바닥에 떨어져도 회복탄력성을 발휘한다.

자제력은 의지력이다. 때로는 결심을 행동으로 옮기는 힘이다. 말과 이론을 실천하는 행동력이다. 자제력이나 의지력, 자기통제력이 강한 사람을 우리는 흔히 멘탈이 강한 사람이라고 한다. 정신력이 세다는 말이다. 멘탈이 강하다는 말은 역경을 이겨내는 힘이 강하다는 의미도 된다.

마시멜로 이야기

한 연구자는 네 살 아이들에게 "지금 마시멜로 하나를 먹을 수 있지만 내가 나갔다 돌아올 때까지 15분만 참으면 두 개를 주겠다."라고 말했다. 그리고 아이들을 방안에 둔 채 나와 일방경을 통하여 아이들 행동을 관찰했다.

실험 결과, 아이들의 참는 시간은 평균 512.8초로 9분이 채 되지 않았다. 15분 끝까지 참은 아이는 3분의 1 정도였다. 그로부터 10여 년 이후 진행된 종단연구 결과, 15분 동안 참으며 의지력을 발휘한 그룹의 아이들은 그렇지 않았던 아이들에 비하여 여러모로 좋은 상황에 처해 있었다. 미국 대학수학능력시험에서 210점이나 더 높은 점수를 받았으며, 친구나 선생님들에게 인기 있는 사람으로 성장해 사회성이나 대인관계가 좋았고, 과체중도 없었으며 마약에 손댄 경우도 거의 없었다. 이 연구결과는 자제력과 의지력이 큰 사람이 그만큼 성공의 가능성이 높다는 것을 보여주고 있다.

Worksheet I-1 이런 말투에 네 기분은 어떨까?

물은 답을 알고 있다(에모토 마사루)

'눈 결정 하나하나가 모두 다르다'는 사실에 착안한 에모토 마사루는 '그렇다면 물의 결정도 저마다 다른 얼굴을 지니고 있을까?'라는 생각으로 현미경을 이용해 다양한 물 결정 사진을 찍기 시작했다. 그 결과는 놀라웠다.

'사랑과 감사'라는 글을 보여주었을 때 물은 아름다운 육각형 결정을 나타냈다.

쇼팽의 〈빗방울〉을 들려주자 정말 빗방울처럼 생긴 결정이 나타났고, 〈이별의 곡〉을 들려주자 결정들이 잘게 쪼개진 형태가 되었다.

이렇게 8년 동안 물 사진을 찍어 온 저자는 마침내 '물은 모든 것을 알고 있다'는 결론에 이르게 되었다. 물도 '의식'을 가지고 있다는 것이다.

물이 보여주는 이 놀라운 진리는 몸의 70%가 물로 구성된 사람에게도 마찬가지로 적용된다. 평소 친구에게 아무 생각 없이 하는 부정적인 말들이 친구의 마음을 멍들게 할 수 있고, 칭찬, 감사, 격려의 말들이 세상을 평화와 사랑이 넘치는 곳으로 만드는 데 큰 역할을 할 수 있다는 것을 보여주고 있다.

세상을 바꾸는 것은 결국 아름다운 말에서부터 시작된다는 것이다.

001

다음과 같은 말을 언제, 어디서, 누구로부터, 어떤 상황에서 들었으며 그 때 기분은 어땠는지 말해 보자.

분류	구체적인 예	나의 사례 적어보기
명령하기	잔소리 하지 말고 공부나 열심히 해.	
위협하기	너 혼나지 않으려면 빨리 숙제하는 것이 좋을 걸.	
훈계하기	학교에 왔으면 공부하는 게 너의 본분이야.	
조롱하기	그렇게 하면 과연 숙제를 하는 데 도움이 되겠니?	
잔소리	이제 시험이 며칠 남지 않았다는 것을 명심해.	
비난하기	너는 거짓말하는 데는 선수야!	
비교하기	네 형이 학교 다닐 때는 이렇지 않았는데 너는 왜 그 모양이니?	
일방적인 해석	너는 공부는 안하고 노는 데만 정신이 팔려있구나!	
아첨하기	너처럼 똑똑한 아이는 처음 봤어!	
값싼 동정	나도 어려울 때는 그렇게 느꼈어!	
심문하기	나는 네 속마음을 다 알고 있어. 바른 대로 말해 봐!	
말 자르기	지금은 그런 말을 할 시간이 아니야!	

Worksheet I-2 신기한 문방구 놀이

'여러분, 신기한 문방구는 특별한 가게입니다. 사람의 마음을 사고파는 가게지요. 자신이 원하는 마음을 사고 그 값으로 돈 대신 버리고 싶은 마음을 되파는 식으로 물물교환을 하는 문방구입니다.

여러분이 멋있는 사람이 되기 위해서 필요하다고 생각되는 마음, 예를 들어, 친절, 유머, 봉사 정신, 용기 등 무엇이든 살 수 있어요.

자, 먼저 시작하기 전에, 눈을 감고 신기한 문방구가 있다고 상상해 봅시다. 어떤 마음을 버리고 어떤 마음을 사고 싶은가요? 잠시 생각한 후 준비가 되면 여기로 오세요.

내가 버리고 싶은 마음

내가 사고 싶은 마음

Worksheet I-3 마음을 표현해요

01

이번 시간에는 멋진 사람이 되기 위해서 내가 갖고 싶은 마음을 샀다. 이 마음을 어떻게 행동으로 표현할 것인지 기록해 보자([선택 1, 2] 중 한 가지를 골라 기록한다).

[선택 1] 이렇게 행동할거야	해당되는 칸에 ○표를 하세요.		
♣ 내가 '멋진 사람'이 되기 위해 산 마음을 어떻게 행동으로 표현할 것인지 아래에 써 보세요. 다음 시간까지 실천하고, 실천도를 점검해 보세요.	매일 한번 이상	3일에 한번 이상	한번도 안함
♣ 내가 산 마음 ♣ 나타 낼 행동			

[선택 2] 상상해 보세요

♣ 여러분은 오늘 '멋진 사람'이 되는 것을 방해하는 '나쁜 마음'을 버리고 여러분에게 필요한 '좋은 마음'을 샀습니다. 이제 여러분에게 어떤 일이 일어날지 상상해서 써 보세요.

♣ 내가 산 마음

♣ 나타 낼 행동

학습정리

001
인성은 인간이 지향하고 성취해야 하는 인간다운 면모, 성질, 자질, 품성을 말한다.

002
요즘 직업사회에서는 스펙보다는 인성이 더 중요하다.

003
인성의 구성요소로는 긍정성, 밝음과 쾌활, 예절과 에티켓, 친화와 협력성, 자제력과 통제력이 있다.

종합평가

• 평가 준거

학습내용	평가항목		성취수준		
			우수	보통	미흡
인성교육	지식	인성의 의미 이해			
		인성교육의 중요성 이해			
	수행	인성교육의 구성요소 파악 능력			

• 평가 방법

— 학습자 평가 : 수행평가(시험형)

수행평가지

2016학년도 1학기

과목명	인성과 진로	교수명	
학과		학번	
이름		일자	

• (단답형) 다음은 인성의 구성요소를 설명한 것이다. 적절한 용어를 괄호 속에 적어 보시오.

① 어떤 환경에서든 밝은 기운을 발산하고 긍정적으로 받아들이는 태도
( )

② 예절과 같은 의미로 다른 사람을 대할 때의 마음가짐이나 태도( )

③ 사람을 좋아하고 협력하는 품성 ( )

④ 마시멜로 이야기를 통해서 알 수 있는 인성 특성( )

• (주관식 1) 인사요령을 구체적으로 설명하시오.

• (주관식 2) 전화 받는 요령을 구체적으로 설명하시오.

— 교수자 평가: 체크리스트

평가영역	평가내용	성취 수준		
		우수	보통	미흡
인성교육 지식	1. 인성의 의미를 설명할 수 있는가?			
	2. 인성교육의 중요성을 설명할 수 있는가?			
인성 수행 능력	3. 인성의 구성요소인 긍정성을 설명할 수 있는가?			
	4. 인성의 구성요소인 밝음과 쾌활을 설명할 수 있는가?			
	5. 인성의 구성요소인 예절과 에티켓을 설명할 수 있는가?			
	6. 인성의 구성요소인 친화와 협력성을 설명할 수 있는가?			
	7. 인성의 구성요소인 자제력과 통제력을 설명할 수 있는가?			
계				
피드백 방안				

체크리스트 활용법

- 성취수준은 '문항별 취득점수합계÷문항 수=평균점수'로 하며, 우수(3점), 보통(2점 이상), 미흡(2점 미만)을 의미한다.
- '우수'는 학습자가 해당 항목을 완벽하게 수행해내는 것을 의미한다.
- '보통'은 학습자가 해당 항목을 양호한 상태로 수행해내는 것을 의미한다.
- '미흡'은 학습자가 해당 항목을 제대로 수행해내지 못함을 의미한다.
- 성취수준이 2점 미만일 경우 '학습 저조자'로 판정하여 추후 학습자 개인 또는 교수자 차원에서 무엇을 해야 할 것인지 구체적인 피드백 방안을 제시한다.

학습모듈 II

개 요

자아인식은 자신의 흥미, 성격, 적성, 자신의 과거·현재를 알아보고 미래를 계획하는 것이다. 직업인이 조직 내에서 자기관리를 하기 위해서는 자신의 흥미, 성격을 비롯한 자신의 전반을 파악 하는 것이 선행되어야 한다.

학습목표

1) 일반 목표

미래의 직업인으로써 자신의 흥미, 성격, 자신의 과거·현재를 탐색하는 능력을 기른다.

자아인식

2) 세부 목표

- 자기 흥미를 이해하고 설명할 수 있다.
- 자기 성격을 이해하고 설명할 수 있다.
- 자신의 과거, 현재를 설명하고 미래를 계획할 수 있다.

주요 용어

자기 흥미, 자기 성격, 직업흥미검사, 성격유형 검사, 나의 과거·현재, 나의 뿌리, 가족관계도, 나의 개념도, 자기 비교표

1 나의 흥미

1) 흥미의 이해

대학 전공을 선택하거나 취업을 할 때 가장 중요한 것은 자신이 무엇을 좋아하는지 정확히 파악하는 일이다. 자신이 좋아하는 일에는 행복한 마음으로 시간을 내서 노력하게 되고 이는 곧 성취로 이어지게 된다.

흥미는 '무엇을 좋아한다', '어떤 일을 좋아한다'와 같이 각 개인의 성격 특성을 의미한다. 그리고 일을 할 때 이왕이면 자신이 좋아하는 일을 하는 것이 행복과 자기실현을 위한 밑거름이 된다.

김연아의 도전

피겨여왕 김연아는 피겨스케이팅을 처음 배울 때부터 좋아했다. 남들처럼 코치에게 맡겨만 놓는 성격이 아니었던 김연아의 어머니는 코치와의 다툼으로 피겨 레슨을 그만 받게 하였다. 하지만 김연아는 피겨 레슨을 그만둔 후에도 틈만 나면 스케이트 선수들의 비디오를 틀어 놓고 보고 또 보면서 연신 스케이팅 장면을 따라 하곤 했다. 어머니는 그 모습이 안쓰러워 피겨스케이팅을 빨리 잊게 하기 위하여 김연아를 발레학원에 보냈다. 그런데 스케이트장에 갈 때는 먼저 가방을 챙겨 나서던 김연아는 발레학원은 가기 싫다며 매일 볼멘소리를 하곤 했다. 하는 수 없이 바이올린을 배우게 하였지만, 이번에도 마지못해 끌려 다니더니, 급기야 선생님으로부터 발전이 없다는 소리를 들었다. 결국 어머니는 다투고 나왔던 피겨 코치 선생님에게 고개를 숙이고 들어가 다시 김연아를 가르쳐달라고 부탁할 수밖에 없었다. 다시 피겨스케이팅을 시작한 김연아는 물고기가 물을 만난 듯 신나게 얼음판 위를 질주했다. 자신이 좋아하는 일을 찾기 위해서는 여러 번의 시행착오를 겪기도 하지만, 일단 자신이 좋아하는 일을 찾으면 좀 더 장기적인 목표를 세우고 차근차근 실천해 나가면서 어떠한 어려움이 있어도 모두 극복할 수 있다는 것이다.

출처 이영희 외(2010). 자기주도형 인성과 경력개발. 한국전문대학대학교육협의회.

Worksheet II-1 자신의 흥미·특성 탐색

※ 예시를 참고하여 자신의 흥미·특성에 대하여 적어보자.

001
당신이 평소 좋아하는 활동이나 여가시간에 주로 하는 취미(예: 퀴즈 풀기, 노래 부르기 등)

002
당신이 과거에 잘했던 일이나 잘할 수 있는 활동(예: 사람들과 어울리기, 친절히 대하기)

003
당신의 성격이나 특성들(예: 활발하다. 앞에 나서는 것을 좋아하다)

004
다른 사람들이 말하는 자신의 성격이나 특성들(예: 인간성이 좋다, 활발하다, 사려 깊다)

005
당신이 싫어하는 활동들(예: 기계 만지는 일, 혼자서 하는 일)

2) 홀랜드(Holland) 직업흥미검사

홀랜드(Holland)는 일반적으로 직업적 흥미는 성격의 일부이기 때문에 개인의 직업적 흥미는 곧 개인의 성격이라고 보았다. 홀랜드(Holland) 직업흥미검사의 기본가정은 다음과 같다(정선영, 2013).

첫째, 대부분의 사람들은 여섯 가지 유형, 즉 현실형, 탐구형, 예술형, 사회형, 진취형, 관습형으로 분류된다. 둘째, 여섯 가지 종류, '현실적, 탐구적, 예술적, 사회적, 진취적, 관습적'인 환경이 있다. 셋째, 사람들은 자신의 능력과 기술을 발휘하고 태도와 가치를 표현하고 자신에게 맞는 역할을 수행할 수 있는 환경을 찾는다. 넷째, 개인의 행동은 성격과 환경의 상호작용에 따라 결정된다.

Worksheet II-2 6가지 흥미를 읽고 나는 어떤 유형인지 알아보자

오늘은 육각형 모양의 아름다운 정원에서 6가지 성격유형의 사람들이 각각 파티에 초대되었다. 즐거운 파티가 되도록 자신의 파티 옷을 입고 기쁘고 솔직한 마음으로 참여해 보자. 6가지 성격 유형을 잘 읽어본 후 자신과 가장 유사한 유형을 찾아본다.

R (현실형)

몸을 사용하는 활동을 좋아하며, 동물, 도구, 기계를 가지고 일하는 것을 좋아한다. 남성적이며 솔직, 성실, 검소하고 소박하며 말이 적다.
교육적인 활동이나 치료적인 활동은 좋아하지 않는다.

|대표적인 직업|
군인, 엔지니어, 요리사, 경찰관, 소방관, 운동선수, 조경사, 정비사, 환경영향평가사 등

I (탐구형)

사람보다는 아이디어를 추구하며 추상적인 지능을 소유한다.
관찰적, 상징적, 체계적으로 수학·과학문제를 풀고 연구하는 것을 좋아한다.
탐구심이 많고 지적호기심이 많으며 비판적, 내성적이며 신중하다.

|대표적인 직업|
과학자, 생물학자, 화학자, 의사, 소프트웨어기술자, 언어치료사, 생명공학연구원 등

A (예술형)

창의력을 지향하며, 변화와 다양성을 선호하고 새로운 방법으로 자신을 표현하는 직업을 선호한다. 상상력이 풍부하고, 감수성이 강하며 개방적이다.
틀에 박히고 구조화된 활동은 좋아하지 않는다.

|대표적인 직업|
예술가, 작곡가, 음악가, 문학가, 디자이너, 게임개발자, 시나리오작가, 이벤트 PD, 시각디자인 등

S (사회형)

다른 사람들과 함께 일하고, 타인의 문제를 듣고, 이해하고, 도와주는 봉사활동에 흥미를 보이고, 봉사적, 감정적, 이상주의적이다.
질서 정연하고 체계적인 활동에는 관심이 없다.

|대표적인 직업|
사회복지사, 교육자, 간호사, 상담심리학자, 특수아동교사, 피부관리사, 레포츠지도사 등

E (진취형)

조직의 목적과 경제적인 이익을 위해 타인을 선도·계획·통제 관리하는 일을 선호한다. 정치, 리더십, 사업에서의 성공에 가치를 둔다. 말을 잘하고 설득적이며 경쟁, 야망, 열정적이다.
상징적, 체계적 활동에는 관심이 없다.

|대표적인 직업|
CEO, 정치인, 검사, 딜러, 쇼호스트, 손해사정인, 호텔사무원, 경매사, 펀드매니저, 주식투자자 등

C (관습형)

정해진 원칙과 잘 짜여진 구조에서 일을 잘하고, 세밀하고 꼼꼼한 일을 잘한다. 체계적인 작업환경에서 사무적, 계산적 능력을 발휘하는 활동을 좋아한다. 완고하며 책임감이 강하다.
변화, 창의적, 자율적, 모험적인 활동은 혼란을 느낀다.

|대표적인 직업|
공인회계사, 법무사, 은행원, 감정평가사, 세무사, 경리사무원, 정보전문가 등

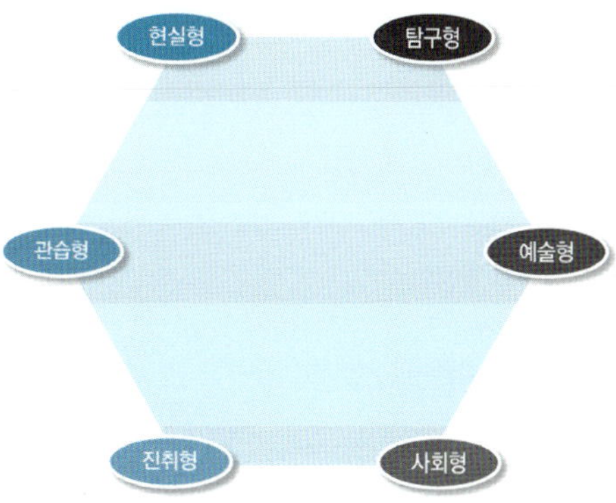

옆에 6가지 유형의 사람들 중에서 가장 마음에 끌리고 함께하고 싶은 2가지 유형을 순위대로 적어보자.

R (현실형)	I (탐구형)	A (예술형)	S (사회형)	E (진취형)	C (관습형)

※ 마음에 끌리는 순서대로 2개가 자신의 흥미코드가 된다.
※ 좀 더 신뢰성 있고, 포괄적인 흥미검사를 원한다면 홀랜드 진로적성검사, 스트롱 직업흥미검사, 노동부 직업선호도 검사를 받아보자.
- 직업선호도검사: http:www.work.go.kr
- 홀랜드 적성검사: 한국가이던스 http://www.guidance.co.kr

2 나의 성격

1) 성격의 의미

일반적으로 성격은 시간과 환경의 변화에도 불구하고 반복적이고 지속적으로 나타나는 개인의 사고, 감정, 행동에 영향을 주는 특성을 말한다. 간혹 겉모습은 멋있고 예의바르게 생긴 사람이 실제로는 사람을 속이고 사회적으로 용납 받지 못하는 행동을 하는 것을 볼 수 있듯이 인간의 성격은 복잡한 특성을 가지고 있다(이영희 외, 2010).

2) MBTI 성격유형 검사

마이어스-브릭스 유형 지표(Myers-Briggs Type Indicator; MBTI)는 캐서린 쿡 브릭스(Katharine C. Briggs)와 그의 딸 이사벨 브릭스 마이어스(Isabel B. Myers)가 칼 융의 성격유형 이론을 근거로 개발한 성격 유형의 선호지표이다. 이 검사는 16개의 성격유형으로 구분되며, 개인이 타고난 선천적인 기질을 통해 개인의 강점과 보완해야 할 성향과 인간관계 유형과 선호하는 직업적 성향을 알아봄으로써 일상생활, 대인관계, 직업장면에서 활용할 수 있다(정선영, 2013).

MBTI는 다음과 같은 네 가지 척도로 성격을 표시한다. 각각의 척도는 두 가지 극이 되는 성격으로 이루어져 있다.

지 표		설 명
외향(Extroversion)	내향(Introversion)	• **주의초점** 에너지의 방향은 어느 쪽인가?
감각(Sensing)	직관(Intuition)	• **인식기능** 무엇을 인식하는가?
사고(Thinking)	감정(Feeling)	• **판단기능** 어떻게 결정하는가?
판단(Judging)	인식(Perceiving)	• **생활양식** 어떤 생활양식을 채택하는가?

네 가지 척도마다 두 가지 경우가 존재하므로, 16가지 유형이 만들어진다. 유형은 각 경우를 나타내는 알파벳 한 글자씩을 따서 네 글자로 표시한다. 다음은 MBTI의 유형들이다.

구 분	감각/사고	감각/감정	직관/감정	직관/사고
내향/판단	ISTJ	ISFJ	INFJ	INTJ
내향/인식	ISTP	ISFP	INFP	INTP
외향/인식	ESTP	ESFP	ENFP	ENTP
외향/판단	ESTJ	ESFJ	ENFJ	ENTJ

|표 2-1| MBTI 유형특징

ISTJ (세상의 소금형)	ISFJ (임금 뒷편의 권력형)	INFJ (예언자형)	INTJ (과학자형)
한번 시작한 일은 끝까지 해내는 사람들 |개발할 점| 너무 일만 열심히 하지 말기	성실하고, 온화하며 협조를 잘하는 사람들 |개발할 점| 팀원 각자에 대해 쓸데없는 걱정을 너무 하지 않기	사람과 관련된 뛰어난 통찰력을 가지고 있는 사람들 |개발할 점| 기분 나쁘게 속을 들여다 보는 듯한 짓은 그만하기	전체적인 부분을 조합하여 비전을 제시하는 사람들 |개발할 점| 논리도 좋지만 너무 완고한 고집은 버리기
ISTP (백과사전형)	**ISFP (성인군자형)**	**INFP (잔다르크형)**	**INTP (아이디어뱅크형)**
논리적이고 뛰어난 상황적응력을 가지고 있는 사람들 |개발할 점| 대수롭지 않은 일을 가지고 너무 파고 들지 않기	따뜻한 감성을 가지고 있는 겸손한 사람들 |개발할 점| 객관적인 관점을 가지고 냉정하게 업무를 바라보기	이상적인 세상을 만들어 가는 사람들 |개발할 점| 마음의 상처에 너무 민감하지 않기	비평적인 관점을 가지고 있는 뛰어난 전략가들 |개발할 점| 이론만 가지고 일을 하지 않기
ESTP (수완좋은 활동가형)	**ESFP (사교적인 유형)**	**ENFP (스파크형)**	**ENTP (발명가형)**
친구, 운동, 음식 등 다양한 활동을 선호하는 사람들 |개발할 점| 주어진 상황에 적극적인 관심을 나타내기	분위기를 고조시키는 우호적인 사람들 |개발할 점| 분위기도 좋고 노는 것도 좋지만 일도 하기	현실적으로 새로운 관계를 만드는 사람들 |개발할 점| 이랬다 저랬다 하지 말고 꾸준히 일관성 유지하기	풍부한 상상력을 가지고 새로운 것에 도전하는 사람들 |개발할 점| 매일 새로운 생각만 하다가 결과는 언제?
ESTJ (사업가형)	**ESFJ (친선도모형)**	**ENFJ (언변능숙형)**	**ENTJ (지도자형)**
사무적, 실용적, 현실적으로 일을 많이 하는 사람들 |개발할 점| 너무 밀어 부치기만 하지 말기	친절과 현실감을 바탕으로 타인에게 봉사하는 사람들 |개발할 점| 일을 위해 사람 사귀는 것도 중요하지만 일 먼저 챙기기	타인의 성장을 도모하고 협동하는 사람들 |개발할 점| 의견도 좋고 필요한 이야기겠지만 말 좀 그만~	비전을 가지고 사람들을 활력적으로 이끌어가는 사람들 |개발할 점| 대장노릇을 하고 싶겠지만 좀 자제해 주기를

* 출처: 정선영(2013). **대학생을 위한 진로탐색과 경력개발**. 공동체.

Worksheet II-3 나의 성격유형 찾기

001

자신과 비슷하거나 선호하는 문장에 모두 체크하시오.

E		I	
외부활동에 적극적이다.	( )	내부 활동에 집중하고 생각이 많다.	( )
대인관계의 폭이 넓다.	( )	소수와의 깊은 인간관계를 맺는다.	( )
말로 표현하기를 좋아한다.	( )	혼자 있으면서 에너지를 충전한다.	( )
활동을 통해서 활력을 얻는다.	( )	만난 사람들과의 기억이 희미하다.	( )
생각보다는 행동이 앞선다.	( )	조용하고 신중하다.	( )
솔직하며 사교적이다.	( )	명상적이며 고독을 즐긴다.	( )
인사성이 밝다.	( )	낯을 가린다.	( )
총 v 개수( )		총 v 개수( )	

S		N	
오감에 의존한다(눈, 귀 등).	( )	육감에 의존한다(통찰적 사고).	( )
현재에 초점을 둔다.	( )	미래에 초점을 둔다.	( )
실제 경험을 중요시 한다.	( )	풍부한 아이디어를 추구한다.	( )
관례적, 보수적이다.	( )	새로운 것을 시도한다.	( )
나무만 보고 숲은 못 본다.	( )	나무는 안보고 숲만 보려한다.	( )
일처리가 꼼꼼하고, 철저하다.	( )	일은 신속하고 비약적으로 처리한다.	( )
사실적이고 구체적이다.	( )	변화와 다양성을 추구한다.	( )
총 v 개수( )		총 v 개수( )	

T		F	
논리적이고 분석적이다.	( )	사람들과의 관계 중심적이다.	( )
진실과 사실에 관심이 있다.	( )	상황에 따라서 판단한다.	( )
원리, 원칙을 강조한다.	( )	상호 우호적인 협력을 좋아한다.	( )
산을 오를 때는 정상까지 간다.	( )	산을 간다는 자체만으로도 즐겁다.	( )
감정표현이 잘 안 나타난다.	( )	감정을 숨기지 못한다.	( )
핵심적, 간단명료하게 설명한다.	( )	내가 좋으면 그냥 좋다.	( )
지적인 논평을 좋아한다.	( )	원리, 논리에 약하다.	( )
총 v 개수( )		총 v 개수( )	

J		P	
체계적이고 논리성을 중시한다.	( )	자율적이고 자발적으로 행동한다.	( )
정리정돈이 되어 있어야 편하다.	( )	상황에 따라서는 흩트려도 좋다.	( )
목표의식이 분명하다.	( )	상황에 따라 목표와 방향이 변한다.	( )
약속한 기한은 철저히 지킨다.	( )	기한이 지나도 좋다고 생각한다.	( )
뚜렷한 기준과 자기의사가 분명하다.	( )	계획 없이 상황에 따라 행동한다.	( )
미리 계획해 놓고 일을 추진한다.	( )	규정이나 정해진 틀을 싫어한다.	( )
규정이나 틀을 좋아한다.	( )	일하는 과정을 즐긴다.	( )
총 v 개수( )		총 v 개수( )	

002

아래의 방법에 따라 당신의 성격 유형을 측정해 보자.

① 위에서 체크된 개수를 세어 8개의 영문자의 총 개수를 적는다.
② E-I, S-N, T-F, J-P의 개수를 각각 비교하여 둘 중 더 많은 개수가 나온 영문자를 쓴다.
③ 각각 많은 개수의 영문자 4자리가 자신의 성격유형이라고 가정한다.
예) ENTJ, ISFP

	E-I	S-N	T-F	J-P
4가지 선호경향을 통해서 살펴 본 자신의 성격유형				

※ E-I, S-N, T-F, J-P의 2개씩 체크한 개수의 차이가 많이 날수록 개수가 높은 성격유형 성향이 뚜렷하다는 것을 추론 할 수 있다.
※ 본 검사는 신뢰도와 타당도가 입증되지 않았기 때문에 정밀한 검사를 원할 경우 MBTI 성격유형검사를 받아야 한다.

* 출처: 이영희 외(2010). **자기주도형 인성과 경력 개발**. 한국전문대학교육협의회.

Worksheet II-4 나의 과거 알아보기

※ 자신을 이해하기 위해서는 자신의 뿌리와 조상들의 활동에 대해 이해하고 이를 후대에 교육시킬 필요가 있다. 과거 없는 역사는 존재하지 않는다. 나의 역사를 알아보자.

001
나의 뿌리 찾기

- 조상의 시조 : ○○○씨, ○○○파, ○○○손
- 조상의 주요 업적은?
- 역사적으로 잘 알려진 조상은?
- 친할아버지, 친할머니 성함은?
- 외할아버지, 외할머니 성함은?

002
나의 이름 분석

- 이름 : 한글
  한자
  영어
- 이름 풀이 :
- 이름을 지어 주신 분 :

003
가족관계 알아보기

- 아버지 : 이름(한글 : 한자 :)
  나이 세 생신 : 월 일(음력, 양력)
- 어머니 : 이름(한글 : 한자 :)
  나이 세 생신 : 월 일(음력, 양력)
- 나(본인) : 이름(한글 : 한자 :)
  나이 세 생일 : 월 일(음력, 양력)
- 형제 : 이름(한글 : 한자 :)
  나이 세 생일 : 월 일(음력, 양력)
- 자매 : 이름(한글 : 한자 :)
  나이 세 생일 : 월 일(음력, 양력)

004
가족관계도 그려보기

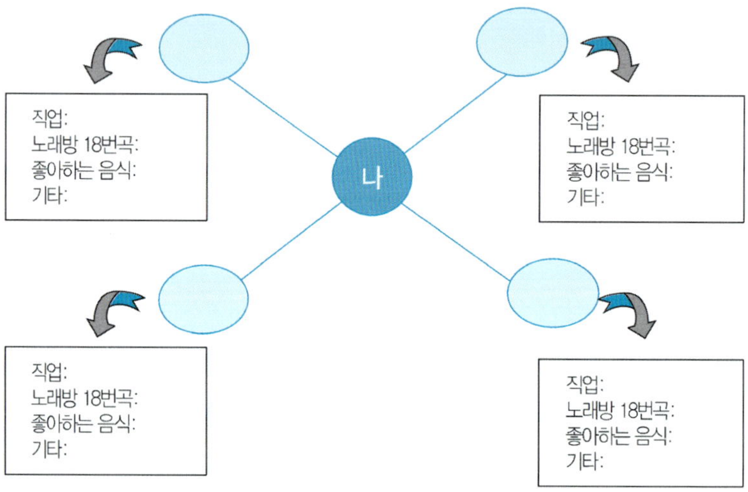

Worksheet II-5 나의 현재 알아보기

001

나는 누구인가? 나를 어떻게 설명할 것인가? 내가 생각하는 나와 다른 사람들이 생각하는 나에 대한 비교를 통해서 다양한 정보를 얻을 수 있다. 자신에 대하여 스스로 생각하는 것과 주변 사람들이 바라보는 시선이 다르다는 사실을 알고 자신의 생각과 주변 사람들의 생각을 정리해서 비교해 보자.

다른 사람이 생각하는 이미지는 다를 수 있다

어린이집에 근무하는 K 주임교사는 대체로 카리스마를 갖고 있으며 자기주장이 강한 편이어서 주변 교사들이 함께 생활하는 데 불편함을 호소하곤 했다. 그러나 K 주임교사는 스스로 주변 교사들과 원만한 관계를 유지하고 있다고 생각하고, 자신이 주변 교사들에게 배려를 잘 하고 있다고 생각하고 있었다.

그러나 교사연수 프로그램 중, 직장 내 관계 평가에서 자기주장이 강하고 독단적인 성격임이 드러났다. 결국 자신이 생각한 자기 모습과 동료들이 생각한 자신은 다르다는 것을 알게 되었다.

몸	• 나이 : • 키 : • 몸무게 : • 신발 치수 : • 시력 : • 혈액형 :
내가 생각하는 나의 장 · 단점	• 장점 : • 단점 :
타인이 생각하는 나의 장 · 단점	• 장점 : • 단점 :
내가 생각하는 버릇과 성격	• 버릇 : • 성격 :
타인이 생각하는 버릇과 성격	• 버릇 : • 성격 :
좋아하는 것들과 싫어하는 것들	• 좋아하는 것들 : • 싫어하는 것들 :

학습정리

001
흥미는 '무엇을 좋아한다'와 같이 각 개인의 성격특성을 의미한다. 자신이 좋아하는 일을 하는 것이 행복과 자기실현의 지름길이다.

002
성격은 시간과 환경의 변화에도 불구하고 반복적이고 지속적으로 나타나는 개인의 사고, 감정, 행동에 영향을 주는 특성을 말한다.

003
자신을 이해하기 위해서는 자신의 과거, 현재를 알 필요가 있다.

종합평가

• 평가 준거

학습내용	평가항목		성취수준		
			우수	보통	미흡
자아인식	지식	흥미의 의미 이해			
		성격의 의미 이해			
	수행	나의 과거, 현재 작성 능력			

• 평가 방법

— 학습자 평가 : 수행평가(시험형)

수행평가지

2016학년도 1학기

과목명	인성과 진로	교수명	
학과		학번	
이름		일자	

• (단답형) 다음은 홀랜드(Holland) 직업흥미검사에 대한 설명이다. (A), (B)에 들어갈 적절한 용어를 적어보시오.

> 홀랜드(Holland) 직업흥미검사는 사람의 흥미를 6가지 유형, 즉 현실형, 탐구형, (A), 사회형, (B), 관습형으로 분류했다.

(A) – ____________________ (B) – ____________________

• (주관식) MBTI성격유형 검사의 특징을 설명하시오.

• (○, ×형) 다음은 MBTI성격유형에 대한 설명이다. 이와 관련하여 괄호 안에 맞으면 ○를, 틀리면 ×를 표시해 보시오.

–ESTP는 성인군자형이다. ……………………………………………………( )
–INFP는 잔다르크형이다. ……………………………………………………( )
–ENTP는 발명가형이다. ……………………………………………………( )
–ENFJ는 지도자형이다. ……………………………………………………( )
–ISTP는 백과사전형이다. ……………………………………………………( )

— 교수자 평가: 체크리스트

평가영역	평가내용	성취 수준		
		우수	보통	미흡
자아인식 지식	1. 흥미의 의미와 중요성을 설명할 수 있는가?			
	2. 성격의 의미와 중요성을 설명할 수 있는가?			
자아인식 수행 능력	3. 홀랜드(Holland) 직업흥미검사를 수행하였는가?			
	4. MBTI성격유형 검사를 수행하였는가?			
	5. 나의 과거를 알아 보았는가?			
	6. 나의 현재를 알아 보았는가?			
계				
피드백 방안				

체크리스트 활용법

- 성취수준은 '문항별 취득점수합계÷문항 수=평균점수'로 하며, 우수(3점), 보통(2점 이상), 미흡(2점 미만)을 의미한다.
- '우수'는 학습자가 해당 항목을 완벽하게 수행해내는 것을 의미한다.
- '보통'은 학습자가 해당 항목을 양호한 상태로 수행해내는 것을 의미한다.
- '미흡'은 학습자가 해당 항목을 제대로 수행해내지 못함을 의미한다.
- 성취수준이 2점 미만일 경우 '학습 저조자'로 판정하여 추후 학습자 개인 또는 교수자 차원에서 무엇을 해야 할 것인지 구체적인 피드백 방안을 제시한다.

학습모듈 III

개 요

자기관리 능력은 자신의 행동을 통제하고 관리하며, 합리적이고 균형적으로 조정하는 능력이다. 자신을 지속적으로 관리하지 못하면 변화하는 사회 환경에 적응하기 어렵다. 따라서 여기에서는 시간관리, 스트레스 관리, 학습 관리를 원활하게 함으로써 자기관리를 성공적으로 할 수 있는 방안을 제시한다.

학습목표

1) 일반 목표

사회 구성원으로써 자신의 역할과 목표를 정립하고, 이를 위한 시간관리, 스트레스 관리, 학습 관리 방안을 이해하고 실천하는 능력을 기른다.

자기관리

2) 세부 목표

- 시간관리 방법을 이해하고 실천할 수 있다.
- 스트레스 관리법을 이해하고 실천할 수 있다.
- 학습 관리법을 이해하고 실천할 수 있다.

주요 용어

시간관리, 하루일과 분석, 시간관리 매트릭스, 스트레스 관리, 스트레스 원인 및 진단, 학습전략, 프레젠테이션

1 시간관리

인간은 살면서 돈, 명예, 권력, 지식, 건강 등 많은 것을 갖게 되지만 이것들을 모두 인위적으로 조절할 수 있는 것은 아니다. 하지만 죽을 때까지 스스로 통제할 수 있는 것이 시간이다. 시간을 잘 관리하면 삶의 효율을 높일 수 있다. 자기관리 능력을 갖추기 위해서는 시간을 효율적으로 사용할 필요가 있다.

모든 사람은 공평하게 하루 24시간을 가지고 있다. 단지 그 시간을 어떻게 쓰고 있는가에 따라 삶의 질이 달라질 뿐이다. 특히 대학은 고등학교와 달리 스스로 수업시간표를 짜고, 수업 이후 시간도 스스로 관리해야 한다. 1년 중 4개월 정도를 방학으로 보내면서 시간계획 없이 무의미하게 보내는 경우가 허다하다. 대학은 사회생활의 준비를 하는 시기이므로 시간관리를 효율적으로 하는 습관을 가져야 한다.

『성공하는 사람들의 7가지 습관』를 집필한 스티브 코비는 인생의 중요한 열쇠는 얼마나 의도대로 완벽한 삶을 살고 있는가가 아니라 자신의 계획과 목표를 끊임없이 되새기면서 순간에 최선을 다하고 있는가라고 하였다(스티븐 코비 저, 김경섭, 김원석 역, 1994). 그만큼 시간관리가 중요하다는 의미로 해석할 수 있다. 대학생으로서의 역할, 가족으로서의 역할, 사회구성원으로서의 역할 등 주 단위로 계획·수행·평가할 기회를 가지면서 최선을 다할 때 보다 성공적인 삶은 살 수 있을 것으로 본다. 다음에서는 시간을 효율적으로 계획하고 관리하는 방안을 제시한다.

1) 나의 하루일과 분석

1주일은 168시간이다. 그 중 대학생은 학교 수업에 18~20시간을 사용한다. 그 나머지 시간은 식사, 이동, 수면, 동아리 활동, 사교 활동 등으로 대부분 소비한다. 1주일이 길 것 같지만 막상 생활하다보면 뭘 했는지 모르게 시간은 가버린다. 계획성 없이 생활하는 경우, 많은 수업과 과제, 자기

생활을 병행하기가 쉽지 않다. 따라서 현재 나의 생활을 분석해보고, 합리적으로 시간계획을 세워 실천하는 자세를 갖는 것이 중요하다. 그러기 위해서는 나의 하루를 분석해 볼 필요가 있다.

다음 항목 중, 나는 몇 개나 해당되는지 체크해 보자. 체크한 숫자가 많을수록 시간관리에 어려움을 겪고 있다고 볼 수 있다.

같은 과제물을 가지고 오랫동안 마무리하지 못하고 있다.	□
컴퓨터 게임에 곧잘 빠져 있다.	□
인터넷 웹서핑에 빠져 있다.	□
예정에 없거나 중요하지 않은 방문자와의 만남을 오래 끈다.	□
중요하지 않은 전화통화를 오래하고 있다.	□
불필요한 미팅에 자주 참석한다.	□
목표 없이 공부하거나 일하는 경우가 많다.	□
한 번에 많은 일을 하며, 그 일을 하는데 필요한 시간을 과소평가하곤 한다.	□
우유부단한 경향이 있다.	□
'아니요'라고 말해야 할 때 '예'라고 대답해 버린다.	□
어떤 일을 준비하는 데 대부분 시간을 소비하고 있다.	□

2) 시간관리 매트릭스

긴급한 일들은 우리를 압박하고 급하게 행동하게 만들지만 대부분 경우 중요하지 않다. 반면 중요성은 결과와 관계된다. 급하지는 않지만 중요한 일은 보다 더 큰 자발성과 주도성을 요구한다. 자신이 이 4개의 칸 중에서 어떤 것이 가장 많은가를 확인해 보자.

	긴급함	긴급하지 않음
중요함	I. 활동 •위기사항 •급박한 문제 •눈 앞에 닥친 시험 •마감시간이 정해진 과제 •프레젠테이션	II. 활동 •장기적 자기계발 •인간관계 구축 •진로 준비 •재충전, 건강, 정서생활 (진정한 휴식)
중요하지 않음	III. 활동 •끼어드는 일 •잠깐의 급한 질문 •눈 앞에 벌어진 긴박한 일 •인기위주의 활동 (각 종 모임)	IV. 활동 •바쁘기만 한 하찮은 일 •전화잡담 •문자메시지 •게임이나 오락 •지나친 TV 보기

* 출처: 김경섭 역(2003). **성공하는 사람들의 7가지 습관**. 김영사.

3) 시간관리의 실제

효율적인 시간관리는 다른 사람보다 더 많은 것을 성취할 수 있는 초석이 된다. 효율적인 시간관리의 실제를 살펴보자(강나경, 2012).

(1) 목표를 설정한다

시간관리를 위해서 먼저 해야 할 일은 목표를 설정하는 것이다. 그리고 목표 달성을 위하여 필요한 것을 나열해 보고 월간, 주간, 일일 계획을 작성해 본다.

(2) 일의 우선순위를 결정한다

우리가 일상적으로 하고 있는 일은 중요도와 긴급성에 따라 차이가 있다. 따라서 중요하면서 긴급한 일을 우선적으로 하고 있는지, 긴급하지 않지만 중요한 일을 그 다음으로 하고 있는지 등을 점검해야 한다. 일의 우선순위에 따라 일을 처리하는 습관을 갖는 것이 시간관리를 잘 하기 위한 방안이 될 수 있다.

(3) 자투리 시간을 활용한다

하루 생활 중 30분 이내의 자투리 시간이 생각보다 많다. 이 자투리 시간을 잘 보낼 수 있도록 아이디어를 생각해 내야 한다. 예를 들어, 이메일에 대한 답신을 보낸다거나 책상 위 물건을 정리한다거나 영어 단어를 외운다거나 신문을 본다거나 등으로 자투리 시간을 유용하게 활용하는 시간관리가 필요하다.

(4) 유연성 있게 계획을 세운다

생활을 하다보면 예기치 않은 일들이 생긴다. 따라서 1주일 가운데 하루는 예비일로 정해 놓고 20~30% 정도 여유 있게 시긴계획을 세운다. 계획을 연필로 적어 변경되면 지우고 다시 적을 수 있도록 한다.

(5) 익숙해 질 때까지 타율적인 일정관리에 의존한다

스스로 일정에 따라 생활하기가 힘들 경우에는 시간관리에 익숙해 질 때까지 TV, 라디오 강좌를 시간에 맞춰 학습하는 리듬을 가져 본다. 이것은 시간관리를 몸으로 받아들이는 좋은 방법이 된다. 길들여진 습관을 바꾸기 위해서는 약 3개월 정도는 시간이 필요하다.

(6) 딱딱하고 부드러운 일을 섞는다

15분 단위로 시간 계획을 짠다. 한 시간 중 3단위인 45분을 일이나 학습을 하고 15분은 휴식을 취하는 방법을 강구하는 것이다. 3시간 열심히 일(학습)하고 30분 쉬는 것보다 45분 일(학습)하고 15분 쉬는 것이 이상적이다. 사정이 여의치 않으면 한 시간에 5~10분이라도 쉬는 것이 집중력을 높이는 데 더 효과적이다. 계획시간표에 휴식 시간을 반드시 설정하고 그 휴식 시간에 자기가 좋아하는 활동을 하면 기분 전환의 효과가 크다.

(7) 이동 시간대의 계획도 필요하다

버스, 지하철 안에서도 15분을 한 단위로 계획을 세워 생산적인 시간을 갖는다. 따라서 두세 가지의 교통수단을 바꿔가며 목적지에 가는 것보다 시간이 더 걸리더라도 한 가지 교통수단의 공간에 있으면서 계획된 시간에 충실하다가 내리는 것이 시간을 유용하게 쓰는 방법이다. 그러기 위해서는 조금 더 부지런해야 한다.

2 스트레스 관리

1) 스트레스의 의미

일상생활에서 흔히 사용하는 스트레스(stress)는 라틴어 'stringer'라는 말에서 유래되었다고 한다. 이 말의 뜻은 '팽팽하게 죄다'이다. 그 후 여러 가지 말로 사용되다가 오늘날 공통적으로 쓰고 있는 '스트레스'라는 말은 14세기에 들어와 정착되었다. 스트레스는 외부의 압력과 이에 대항하는 긴장이라는 의미를 담고 있다.

스트레스는 모두 해로울까? 셀리에(Selye)는 '스트레스는 인생의 조미료'라고 표현했다. 조미료 없는 음식이 맛이 없는 것처럼, 스트레스 없는 인생도 맛이 없다는 것이다. 즉, 스트레스 수준이 지나치게 높거나 낮은 것은 몸에 해롭지만 적정 수준을 유지하는 것은 오히려 건강에 좋다는 것이다. stress를 거꾸로 쓰면 desserts가 된다. 스트레스를 잘 다루면 우리 입맛을 돋우는 맛있는 디저트가 된다는 뜻이다(이종목 외 2003).

스트레스는 모두 해로운가?

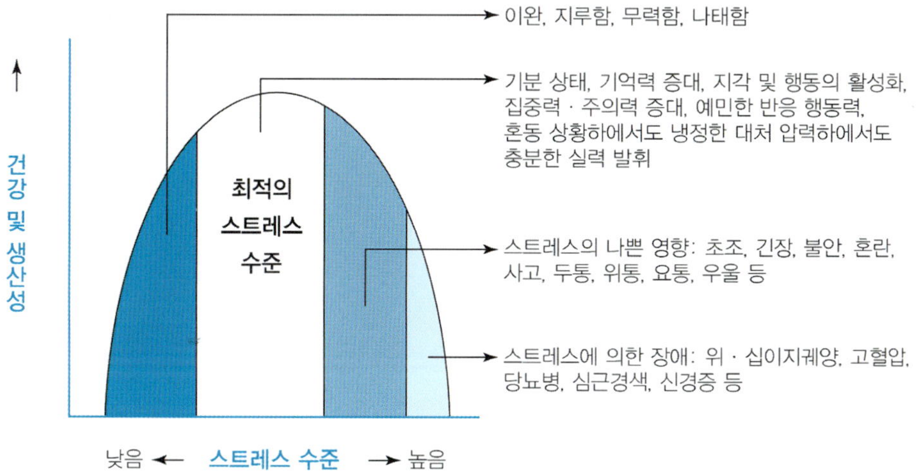

* 출처: 이종목 외(2003). **스트레스를 넘어 건강한 삶 가꾸기**. 학지사.

2) 스트레스 원인 및 진단

대학생들의 스트레스는 학점 이수에 대한 불안감, 아르바이트와 공부를 병행해야 한다는 부담감, 자신이 다니는 대학 수준과 전공에 대한 불만, 부모의 경제적·정서적 지원 부족, 대학교 내에서의 인간관계 등이 그 주요원인으로 작용한다. 물론 개인적 기질이나 성격에 따라 스트레스 정도는 많은 차이가 난다. 스트레스가 쌓일 때는 고통스럽고 자신의 능력을 제대로 발휘하지 못하게 된다. 하지만 스트레스를 잘 관리하면 오히려 능률이 오르고 일을 더 잘 할 수 있게 된다. 스트레스에 잘 대처하기 위해서는 자신의 스트레스를 정확히 진단하고 관리해야 한다.

Worksheet III-1 나의 스트레스 정도 측정

001

지금 자신이 어느 정도 스트레스를 받고 있는지 점검해 보자. 다음의 일상적인 증상 중 자신에게 해당되는 것에 체크해 보자.

문항	전혀 그렇지 않다 (0점)	약간 그렇다 (1점)	대체로 그렇다 (2점)	매우 그렇다 (3점)
1. 쉽게 짜증이 나고 기분 변화가 심하다.				
2. 피부가 거칠고 각종 피부질환이 심해졌다.				
3. 온몸의 근육이 긴장되고 여기저기 쑤신다.				
4. 잠을 잘 못 자거나 깊은 잠을 못 자고 자주 깬다.				
5. 매사에 자신감이 없고 자기비하를 많이 한다.				
6. 별다른 이유 없이 불안 초조하다.				
7. 쉽게 피로감을 느낀다.				
8. 매사에 집중이 잘 안 되고 일의 능률이 떨어진다.				
9. 식욕이 없어 잘 안 먹거나 갑자기 폭식을 한다.				
10. 기억력이 나빠져 잘 잊어버린다.				
총 점				

- 0~5점 이하: 거의 스트레스를 받고 있지 않음
- 6~10점: 약간 스트레스를 받고 있음
- 11~15점: 비교적 스트레스가 심한 편이므로 스트레스를 줄이기 위한 대책이 필요함
- 16~20점: 심한 스트레스를 받고 있으므로 신체 상태에 대한 정기적인 검진과 더불어 스트레스를 줄이기 위한 적극적인 대책이 필요함
- 21점 이상: 매우 심한 스트레스를 받고 있으므로 당장 전문의를 찾아야 함

* 출처: 양창삼(2005). **인간관계의 이해**. 창지사.

3) 스트레스 관리법

(1) 스트레칭하기

- 바닥에 등을 대고 눕는다.
- 눈을 감고 스트레스 받는 상황을 떠올린다.
- 스트레스 상황을 머리로 떠올린 채 손을 움켜쥐고, 어깨를 바닥에 붙이고 발등을 펴서 발끝을 뾰족하게 세운다.
- 복식호흡을 하면서 온 몸의 힘을 뺀다.
- 머릿속에 편안한 상황을 떠올려본다. 복식호흡을 하면서 계속 편안한 상황을 떠올린다.

(2) 긍정적 사고하기

- '이번 학기 장학금을 타고 싶다'와 같이 대학생활에서 꼭 이루고 싶은 소망 한 가지를 적는다.
- '난 실력이 없다', '난 집중력이 부족하다', '지금까지 장학금을 타 본 적이 없다'와 같이 자신의 소망을 이루는데 방해가 되는 일을 적어본다.
- 자신이 적어 본 부정적인 생각을 전환해서 반박해 본다. '난 실력이 없다'라는 생각에 대하여 자신이 언젠가 시험점수를 잘 받았던 적을 상기해 본다.
- 하나씩 체크를 하다보면 부정적인 생각을 긍정적으로 전환할 수 있게 된다.

(3) 감사 일기쓰기

감사보다는 항상 부족하다는 의식, 더욱이 자칫 인생의 낙오자가 될 수 있다는 불안감이나 뒤처져 있다는 열등감과 패배감은 자신의 상황을 더 나쁘게 만든다. 감사 일기를 써 봄으로써 긍정적이고 낙관적인 미래를 펼쳐 본다.

Worksheet III-2 감사편지 쓰기

001

다음의 내용 중 몇 개를 선택하여 출발점으로 삼아 보자.

- 내 인생을 긍정적인 방향으로 바꾸어 놓은 사람들을 떠올린다.
- 내가 잘할 수 있는 일이나 '나 이래서 내가 좋아!'라고 생각하는 항목을 적어본다.
- 사랑하는 감정이나 어려운 과제를 해결한 기쁨에 심장이 터져버릴 것 같던 순간을 떠올린다.
- 내가 마음의 안정을 느끼는 장소는 어디인지 그리고 누구와 함께 있을 때 그랬는지를 생각해 본다.

002

감사한 일 한두 가지를 생각하면서 감사하는 마음을 적어보자.

3 학습 관리

1) 학습전략 세우기

학교, 학원, 과외 등을 통해 공부를 하던 고등학교와는 달리 대학 공부는 자기주도적 학습(Self-Directed Learning)이 되어야 한다. 평소 자신의 학습 스타일을 잘 조절하고 관리하여 자기주도적 대학생이 되어보자(이영희 외, 2010).

자기주도적 대학생이 되기 위한 전략

- T-Line 좌석을 공략하라.
- 스터디 그룹을 만들어라.
- 매력적인 나만의 노트를 정리하라.
- 성실·근면 인정서, 출석 100%를 사수하라.
- 교수님과 적극적인 상호작용을 하라.
- 귀를 열어 핵심을 파악하라.
- 배운 내용을 Replay 하라.
- 정보를 200% 활용하라.

Worksheet III-3 내가 만드는 나의 학습환경

001

내가 지속적으로 공부하는 데 어려움을 겪는 이유를 생각해보자. 그리고 어떻게 하면 이를 극복하고 열심히 할 수 있을지 생각해 보자.

지속적으로 공부하는 것이 어려운 이유	⇨	내가 생각하는 개선방법

⇨ 나의 공부 훼방꾼 BEST 3 : ①
②
③

• 가장 좋은 학습환경을 위한 나와의 약속!!

좋은 학습환경을 위한 나와의 약속 3가지

이것만은 반드시 지킨다!!

하나.

둘.

셋.

* 출처: 손연아 외(2007). **성공적인 대학생활을 위한 학습전략 포토폴리오**. 학지사.

2) 시험 준비

(1) 평소 시험 준비

① 강의 내용을 복습하고 요약해 보자.
② 시험 출제자의 입장에서 문제를 만들어 답해 보자.
③ 우선순위에 따라 시간을 조절해 보자.
④ SAR기법을 활용해보자.
- 대충읽기(Skim)
- 소제목을 질문으로 바꾸기(Answer the quesion)
- 질문의 답 외우기(Recite the answer to the question)

(2) 시험전후 관리

① 잠은 충분히, 식사는 평소처럼 한다.
② 시험 시간표에 따라 요일별로 반복하여 복습한다.
③ 준비를 미처 하지 못한 과목은 잘 정리된 노트를 중심으로 평소 교수님이 강조한 항목과 핵심내용을 짧은 시간에 섭렵한다.
④ 시험문제는 답하기 쉬운 문제부터 시작하고 한 문제에 너무 오래 매달리지 않는다.
⑤ 서술하는 문제는 대략의 윤곽을 먼저 잡고 글을 쓴다.
⑥ 시험 종료 시간까지 최선을 다한다.
⑦ 시험 후 긴장을 풀고 다음 시험이 있다면 준비한다.

3) A+ 리포트 작성하기

(1) 과제 제출의도를 파악하자

교수님이 요구하는 리포트의 성격을 정확하게 이해하고 그에 적합한 주제 설정이나 자료 조사, 리포트 작성방식을 선택한다.

(2) 자료수집 및 정리

교수님이 추천한 도서와 웹 사이트, 대학 도서관을 활용하고 부족한 자료는 지식검색과 전자 도서관을 활용하여 자료를 수집한다. 주제와 맞는 내용은 정리해 둔다.

(3) 목차 구성

선정된 주제와 수집된 자료를 면밀히 검토하여 리포트의 레이아웃을 정한다. 순서에 따른 소제목 즉, 목차를 구성한다.

(4) 리포트 작성

① 형식, 맞춤법, 문법 등은 정확하게 지킨다.
② 주관적이고 모호한 문장은 피한다.
③ 일반적인 글은 서론, 본론, 결론의 삼단구성으로 이루어진다.
④ 글을 인용할 때 반드시 출처를 밝힌다.
⑤ 매력적으로 디자인한다.
⑥ 보고서의 생명은 타이밍이다. 마감 시간 내에 제출한다.

|표 3-1| 리포터 작성 단계와 내용

단계	내용
서론	• 보고서 작성의 필요성 또는 문제 제기 • 보고서 작성과 목적과 방법 • 의의 또는 기대 효과
본론	• 학습의 주요 내용에 대한 서술 • 학습 내용 분석 및 해석 • 학습 결과 제시 • 관련, 표, 그림, 통계자료 제시
결론	• 내용 및 결과 요약 • 결과에 대한 강조 • 문제점 혹은 미흡점 서술

알기 쉽게, 알차게, 보기 좋게 작성하면 A+ 리포트가 된다!

1. 표지에 제목, 학번, 학과, 이름, 교수명, 제출일을 명기한다.
2. 보고서 내용에 대한 목차를 미리 만들어 표기한다.
3. 보고서 표지는 눈에 잘 띄도록 컬러가 있는 것을 선택한다.
4. 서체는 신명조, 굴림체 등의 깨끗하고 단순한 서체를 사용한다.

출처 이영희 외(2010). 인성과 경력 개발. 한국전문대학교육협의회.

4) 프레젠테이션

(1) 프레젠테이션의 3원칙

① 알기 쉽게: 프레젠테이션을 할 때 어려운 말을 사용할수록 청중의 집중력은 떨어진다. 알기 쉬운 우리말로 명쾌하게 표현해야 한다.

② 간결하게: 필요한 것은 빠짐없이 챙기고, 필요 없는 것은 과감하게 생략한다.

③ 인상 깊게: 감정을 실어 생기 있게 이야기를 해서 청중을 감동시킬 수 있어야 한다.

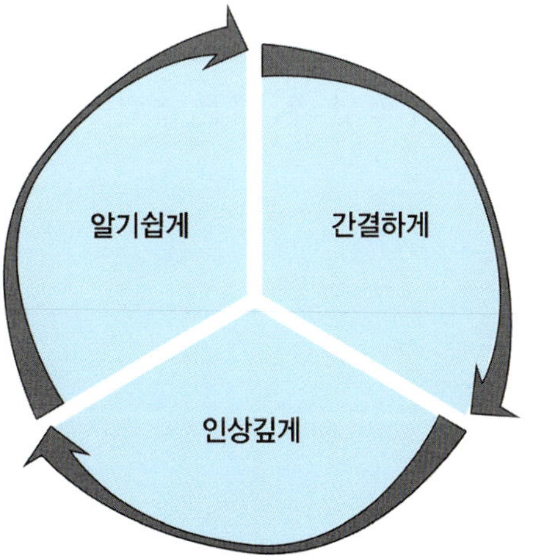

* 출처: 김창민 외(2011). **대학생과 리더십**. 홍릉과학출판사.

[그림 3-1] 프레젠테이션의 3원칙

(2) 프레젠테이션 준비

① 자료 수집 및 분석: 주제에 대한 충분한 자료조사를 하고, 주제와 목적에 맞는 정보를 모은다.

② 원고 작성: 자료를 분석한 후 설득력과 논리성 있는 원고를 작성한다.

③ 프레젠테이션 연습: 보통 프레젠테이션은 15분 정도 내외가 가장 효과적이므로 시간 안에 마칠 수 있도록 충분히 연습을 해야 한다.

④ 옷차림과 발표 태도: 프레젠테이션 당일 옷차림은 컬러와 디자인이 심플한 정장이 좋다. 태도는 겸손하면서 당당한 자세로 손동작은 산만하지 않아야 한다. 중요한 내용은 포인터로 지적해 주고, 시선은 청중들에게 2~3초씩 골고루 주는 것이 신뢰감과 공감형성에 도움이 된다(정선영, 2013).

(3) 프레젠테이션 실습하기

① 1단계: 5~7명으로 조를 구성한다.

② 2단계: 각자 주어진 주제(전문대학교의 발전 방안, 내가 꿈꾸는 가정, 내가 좋아는 영화 혹은 내가 좋아하는 음악 등)로 발표를 준비한다. 이때 1장 정도의 발표 준비를 한다.

③ 3단계: 교수는 발표의 유의사항을 알려준다.

④ 4단계: 조별로 발표하고 난 후, 다른 조원들이 발표에 대한 코멘트를 한다.

학습정리

001

자기관리 능력에는 시간관리 능력이 포함된다. 특히 대학은 사회생활을 준비하는 시기이므로 시간관리를 효율적으로 하는 습관을 가져야 한다.

002

스트레스는 외부의 압력과 이에 대항하는 긴장이라는 의미를 담고 있다. 스트레스 수준이 지나치게 높거나 낮은 것은 몸에 해롭지만 적정 수준을 유지하는 것은 오히려 건강에 좋다.

003

학습관리를 위해서는 학습전략을 세우고 시험 준비, 리포터 작성, 프레젠테이션 준비를 잘 할 수 있어야 한다.

종합평가

• 평가 준거

학습내용	평가항목		성취수준		
			우수	보통	미흡
자기관리	지식	시간관리의 의미 이해			
		스트레스 관리의 의미 이해			
		학습관리의 의미 이해			
	수행	시간관리 능력			
		스트레스 관리 능력			
		학습 관리 능력			

• 평가 방법

— 학습자 평가 : 수행평가(시험형)

수행평가지

2016학년도 1학기

과목명	인성과 진로	교수명	
학과		학번	
이름		일자	

• (단답형) 다음 두 괄호 안에 공통적으로 들어 갈 용어를 적어보시오.

셀리에(Selye)는 '스트레스는 인생의 (　　　　)'라고 표현했다. (　　　　)없는 음식이 맛이 없는 것처럼, 스트레스 없는 인생도 맛이 없다는 것이다. 즉, 스트레스 수준이 지나치게 높거나 낮은 것은 몸에 해롭지만 적정 수준을 유지하는 것은 오히려 건강에 좋다.

답 : (　　　　　　　　　)

• (서술형) 시험 준비를 위한 SAR기법 세 가지를 적어보시오.

• (서술형) 프레젠테이션의 3원칙을 쓰고 설명하시오.

— 교수자 평가: 체크리스트

평가영역	평가내용	성취 수준		
		우수	보통	미흡
자기관리 지식	1. 시간관리의 의미와 중요성을 설명할 수 있는가?			
	2. 스트레스 관리의 의미와 중요성을 설명할 수 있는가?			
	3. 학습 관리의 의미와 중요성을 설명할 수 있는가?			
자기관리 수행능력	4. 나의 하루일과를 분석할 수 있는가?			
	5. 나의 스트레스 정도를 진단하고 관리방법을 아는가?			
	6. 나의 학습 환경을 만들 수 있는가?			
	7. 시험준비 방법을 아는가?			
	8. A+ 리포터 작성방법을 제시할 수 있는가?			
	9. 프레젠테이션 기법을 제시할 수 있는가?			
계				
피드백 방안				

체크리스트 활용법

- 성취수준은 '문항별 취득점수합계÷문항 수=평균점수'로 하며, 우수(3점), 보통(2점 이상), 미흡(2점 미만)을 의미한다.
- '우수'는 학습자가 해당 항목을 완벽하게 수행해내는 것을 의미한다.
- '보통'은 학습자가 해당 항목을 양호한 상태로 수행해내는 것을 의미한다.
- '미흡'은 학습자가 해당 항목을 제대로 수행해내지 못함을 의미한다.
- 성취수준이 2점 미만일 경우 '학습 저조자'로 판정하여 추후 학습자 개인 또는 교수자 차원에서 무엇을 해야 할 것인지 구체적인 피드백 방안을 제시한다.

학습모듈 IV

개 요

성공적인 직업 생활을 위해서는 원만한 인간관계가 필수적이다. 여기에서는 자신의 인간관계 및 인맥을 점검하고 바람직한 인맥 관리와 의사소통 방법을 제시한다.

학습목표

1) 일반 목표

성공적인 직업인으로써 필요한 인간관계 점검 및 인맥 관리법, 의사소통 방법을 이해하고 실천하는 능력을 기른다.

인간관계

2) 세부 목표

- 인간관계의 의미를 이해하고 설명할 수 있다.
- 자신의 인간관계를 점검할 수 있다.
- 성공적인 인맥 만드는 법을 이해하고 실천할 수 있다.
- 바람직한 의사소통을 이해하고 실천할 수 있다.

주요 용어

인간관계, 인맥지수, 인맥관리, 의사소통, 경청, 나-전달법

1 인간관계의 의미

인간은 사회적 존재이다. 태어나서 죽는 순간까지 인간과 관계를 하면서 살게 된다. 의식하든 하지 않던, 좋아하든 싫어하든 인간관계는 사람이 살아가면서 부딪쳐야 하는 현실이다. 인간관계란 사람을 대하고 사귀는 일로서 집단 속의 구성원 상호간의 심리적 관계를 의미한다. 인간관계는 누가 만들어 주는 것이 아니라 스스로 만들어 가는 것이다. 따라서 인간의 다양한 외모만큼이나 인간관계를 만들어 가는 모습 또한 다양하다.

미국 카네기 공과대학에서는 1만 명을 대상으로 '성공에 직접 영향을 주는 것이 무엇인가?'라는 설문 결과 두뇌의 명석함, 기술, 숙련이 중요하다는 답변은 15%였고, 85%가 뛰어난 인간관계 능력이 중요하다고 답하였다. 하버드대학 직업지도부 조사에 의하면 직장에서 해고당한 수천 명의 사람들 중 업무수행의 실패나 실수가 원인으로 해고당한 사람보다 서툰 대인관계로 해고당한 사람이 두 배나 많았다고 한다(이영희 외, 2010). 이는 인간관계 방법을 알면 직업이나 인생에서 성공할 확률이 보장된다는 의미로 해석할 수 있다.

Worksheet IV-1 나의 인간관계는 어떠한가?

001

성공적인 인간관계를 맺기 위해서는 자신이 주변 사람들과 어떤 관계를 맺고 있는지 체크해 볼 필요가 있다. 대학생이라면 친구, 선·후배, 교수님과의 관계를 점검해 보고, 직장인이라면 동료나 상사, 후배와의 관계를 점검해 보자.

번호	내용	체크
1	항상 상대방의 의견을 겸허하게 듣고, 나의 부족한 단점을 반성하고 있는가?	
2	주어진 관계를 잘 유지하며, 있는 힘을 다하는 분위기를 유지시키도록 노력하고 있는가?	
3	상대방의 마음에 상처를 주지 않으며, 주위의 분위기를 밝게 이끌기 위해 마음을 쓰고 있는가?	
4	정정당당한 경쟁을 통해 스스로의 능력을 발휘하며, 동료의 약점을 들추는 비겁한 행동은 하지 않았는가?	
5	동료 누구에게나 똑같은 친절을 베풀고 있는가?	
6	언제나 동료들과 책임질 수 있는 교제를 하고 있는가?	

※ 체크가 되지 않은 항목에 대해서는 그 이유를 생각해 보자.

* 출처: 이영희 외(2010). **자기주도형 인성과 경력개발**. 한국전문대학협의회.

2 성공적인 인맥 만들기

1) 인맥의 중요성

세상은 사람과 사람과의 관계를 통해 이루어진다. 사회 규범을 만들고 지켜나가는 것도 사람이고 사회와 국가 발전도 사람에 의해 이루어진다. 따라서 폭 넓은 인간관계를 가진 사람이 다채롭고 풍요로운 삶을 만들어 가는 것은 당연하다.

한 설문조사 기관에서 퇴사한 직장인을 상대로 퇴사 이유를 물은 결과 '일이 맞지 않아서'라고 대답한 사람은 전체의 10%에 불과했다. 나머지 대부분은 '회사 간부 등 다른 사람과 잘 맞지 않아서'라고 대답했다고 한다. 또한 회사 경영자에게 '당신은 어떤 능력으로 경영자가 되었는가?'라는 질문을 했는데, '기술과 지식면에서 다른 사람보다 우수했기 때문에'라고 대답한 사람은 전체의 15%에 불과하고 나머지 대다수 경영자는 '대인관계가 좋고 남과 잘 사귈 수 있었기 때문에'라고 대답했다고 한다(김기남, 2008).

이처럼 성공적인 사회생활을 위해서는 원만한 인간관계가 필수적이다. 그렇다고 해서 많은 사람을 만나는 사람이 든든한 인맥을 갖고 있다고 할 수는 없다. 인맥은 그 수에 의해 가치가 결정되는 것이 아니라 내 삶에 긍정적인 영향을 미치는지, 혹은 얼마나 진실된 관계를 형성하고 있는지에 따라 그 가치가 결정된다고 할 수 있다.

지난 20세기가 지능지수(IQ)나 감성지수(EQ)를 중시하는 시대였다면 21세기는 정보망 지수인 인맥지수(Network Quotient)가 경쟁력을 좌우하는 시대라고 할 수 있다. 따라서 인맥에도 세심한 관리가 필요하며 성공적인 인맥을 만들어 가는 것이 무엇보다 중요하다고 볼 수 있다.

Worksheet IV-2 인맥지수 체크

001

현재 나의 인맥은 어떤 수준일까? 인맥에 대한 마음가짐을 비롯하여 양적·질적 인맥의 폭과 깊이가 어느 정도인지를 알아보자(각 문항에 대해 너무 오래 생각하지 말고 즉시 떠오르는 대로 선택한다).

질 문	매우 그렇다	그렇다	보통이다	아니다	전혀 아니다
나에게 있어 가장 중요한 자원은 사람이다.					
새로운 사람을 알게 되는 것이 즐겁다.					
네트워크를 이어가면 만나지 못할 사람은 없다고 생각한다.					
사람을 통해 새로운 기회를 찾은 경험이 있다.					
사람을 사귀는 일이라면 자신 있다.					
동료들에 비해 업무상 알고 지내는 지인의 수가 많은 편이다.					
곤경에 처했을 때 전화 한 통이면 곧바로 나와 줄 친구가 있다.					
어떤 일을 할 때 성공적으로 달성할 수 있도록 도움 줄 사람을 알고 있다.					
어느 집단에서건 영향력 있는 사람들과 먼저 관계를 만든다.					
업무 관련 포럼이나 커뮤니티에 정기적으로 참가하고 있다.					
경쟁사에서 나와 같은 일을 하는 사람과 가끔 정보 교환을 한다.					
내가 속한 업계의 정보는 신문이나 잡지보다 항상 먼저 알고 있다.					
업무상 알게 된 사람과 종종 개인적인 친분을 맺는다.					
사내의 소식을 공식 발표 전에 알게 되는 경우가 많다					
점심식사는 외부 사람과 함께 할 때가 많다.					
회사 동료의 경조사에는 빠지지 않고 참석한다.					
다른 부서 직원들과 퇴근 후 술자리를 종종 가진다.					
동창회 명부는 최신의 것으로 구비하고 있다.					
업무와 상관없는 분야의 커뮤니티 활동에 적극 참여하고 있다.					
내 분야에 있어서만큼은 종종 다른 사람들이 나에게 조언을 구하곤 한다.					
실력 향상을 위해 별도의 교육이나 세미나에 참석한다.					
중요한 사람들에게는 정기적으로 이메일을 발송하거나 안부전화를 건다.					
한 번 인사를 나눈 사람의 이름은 반드시 기억한다.					
다른 사람의 요청이나 문의에 언제나 빠른 피드백을 취한다.					
상대방이 나의 첫인상에 대해 어떻게 생각할지를 염두에 둔다.					
의견이 다를 때 상대방의 말을 먼저 경청한 후 내 의견을 제시한다.					
명함집은 항상 최신의 명함으로 정리되어 있다.					
인맥 관리를 위한 나만의 노하우가 있다.					

※ 채점방법

각 질문에 대해 매우 그렇다 → 4점, 그렇다 → 3점, 보통이다 → 2점, 아니다 → 1점, 전혀 아니다 → 0점으로 계산한다.

※ 결과

- 101점 이상 : 인맥 달인
- 81-100점 : 인맥 고수
- 61-80점 : 인맥 1단
- 41-60점 : 인맥 초보
- 40점 이하 : 인맹(人盲)

Worksheet IV-3 인맥 지도 그리기

001

인맥을 키워 나가기 위해서 가장 먼저 해야 할 일은 자신의 현재 상태를 점검하는 것이다. 가장 효과적으로 점검할 수 있는 방법은 자신의 인맥 지도를 그려보는 것이다. 자신을 중심으로 상대방이 어떤 관계인지에 따라 지도를 그리는 것이다. 가족, 동창, 지역, 업체, 사내, 사외인맥 등으로 분류하여 그린다.

인맥지도 예시

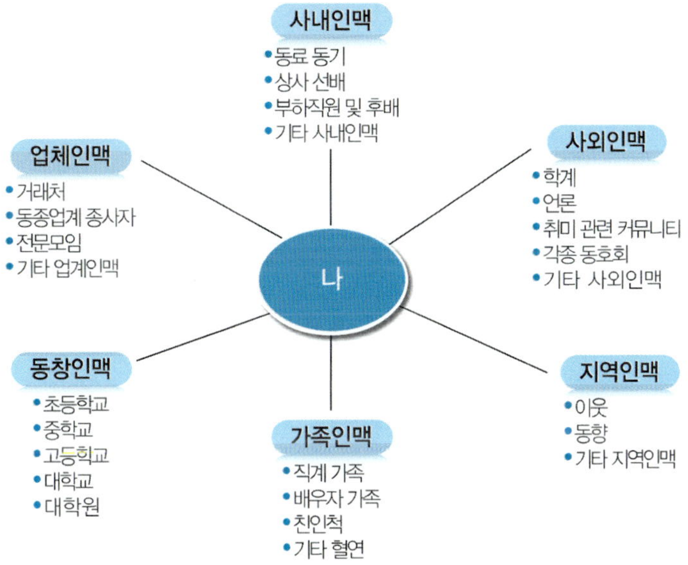

* 출처: 유용미, 황소영(2003). **인맥지도를 그려라**. 아라크네.

002
나의 인맥지도

2) 바람직한 인맥관리 방법

(1) 한 시간에 한 번은 “안녕하세요”, “고맙습니다”하고 말한다

좋은 인맥, 좋은 인간관계를 구축하기 위해서 가장 먼저 해야 할 일은 인사다. 인사는 사람에 대한 존경심과 친절을 표현하는 형식이며, 인간관계를 원활하게 하는 가장 중요한 매너이다.

(2) 하루에 한 번은 인맥 다이어리를 체크한다

인맥관리를 위해서는 다이어리는 필수품이다. 다이어리는 불분명하고 추상적인 인맥 개념을 구체적으로 그려줄 수 있다. 가장 먼저 해야 할 일은 주소록을 만드는 일이다. 인맥관리를 위해서는 그룹별로 주소록을 정리하는 것이 좋다. 가족, 대학 친구, 동창 모임, 동아리 모임 등 자신이 주로 활동하는 그룹을 중심으로 색인을 나누어 정리한다.

(3) 1주일에 한 번은 오직 나만을 위한 시간을 갖는다

진정한 인맥 달인은 자기 문제를 스스로 해결하고 인생을 즐겁게 사는 사람이다. 아무리 상대방과 친한 사이라고 하더라도 때로는 적당한 거리를 유지할 필요가 있으며, 자신의 문제를 스스로 해결할 수 있는 독립적이고 자신감 있는 태도가 요구된다. 이것이 다른 사람을 끌어 모을 수 있는 매력적인 모습이다(유용미, 황소영, 2003). 그렇다면 혼자만의 시간에는 무엇을 할 수 있을까?

- 나의 목표는 무엇인가?
- 주변 사람들과의 관계를 향상시키기 위해 최선을 다하고 있는가?
- 나와 친한 사람은 누구인가?
- 내가 관리해야 할 사람은 어떤 사람들인가?

(4) 유연한 사고를 갖는다

사람들의 모습이 다양한 만큼 사람들의 생각도 다양하다. 따라서 상대방의 의견이 나와 다르다고 해서 잘못된 것으로 판단해서는 안 된다. 대인관계에서 중요한 것은 유연한 사고를 하는 것이다. 대학 생활 중 만나는 친구, 선·후배, 교수님들이 나와 의견이 다를 수 있다는 것을 받아들이는 유연한 자세가 필요하다.

(5) 상대방을 칭찬한다

사람들은 누구나 다른 사람에게 인정받고 칭찬 받기를 원한다. 수직적인 관계에서든 수평적인 관계에서든 서로가 갖고 있는 그 무엇을 알아주기를 원한다. 상대의 좋은 점, 잘 하는 점을 칭찬하거나 긍정적인 반응을 보이는 것만으로도 그 사람과 좋은 관계를 만드는 계기가 된다(이영희 외, 2010).

3 바람직한 의사소통

1) 경청

바람직한 대인관계는 상대방의 이야기를 경청하려는 노력에서 시작된다. 경청은 대화의 기본이다. 대화를 성공적으로 이끌기 위해서는 상대방이 표현하는 언어적 메시지뿐만 아니라 비언어적인 메시지와 상대방의 감정, 사고, 맥락 등에 주의를 기울여 상대방이 전달하고자 하는 의도를 이해하려고 노력하여야 한다. 이것을 적극적 경청이라고 한다.

경청의 바른 자세

- 팔짱을 끼거나 다리를 꼬는 자세를 피한다.
- 상대방 쪽으로 약간 기울인 자세를 취한다.
- 따뜻하고 부드러운 시선을 보낸다.
- 편안하고 자연스러운 자세를 취한다.
- 진지한 태도를 보인다.
- 듣고 있다는 표시로 고개를 끄덕인다.
- 듣고 있다는 표시로 '아! 그래. 그랬니, 그랬구나, 그래서, 저런' 등의 간단한 언어 표현을 해 준다.
- 중간에 말을 자르지 않는다.

Worksheet IV-4 나는 좋은 경청자인가?

문 항	전혀 그렇지 않다	그렇지 않다	보통이다	그렇다	매우 그렇다
1. 나는 타인의 말 듣기를 좋아 한다.					
2. 나는 내가 커다란 관심을 보이거나 호의적으로 말하는 사람에게 보다 주의를 집중한다.					
3. 나는 타인이 말할 때 그의 어휘력과 비언어적인 의사소통 능력을 평가한다.					
4. 나는 정신이 산만하지 않도록 한다. 주위가 산만하면 조용한 자리로 옮기도록 권유한다.					
5. 타인들이 나로 하여금 이야기를 하지 못하게 방해 할지라도 나는 그들에게 주의를 기울여 경청한다.					
6. 타인이 말할 때에는 이야기가 끝날 때까지 기다려 준다.					
7. 나는 나와 관심사를 같이 하는 사람에게 흥을 돋운다.					
8. 타인의 말을 들으면서도 개인적인 생각으로 오락가락한다.					
9. 나는 타인의 말할 때 그가 전하고자 하는 바를 잘 이해할 수 있도록 상대방의 비언어적 의사소통에 깊은 관심을 표명한다.					
10. 나는 다소 난해한 대화를 나눌 때 애써 아는 척한다.					
11. 나는 타인의 말을 들으면서 대답할 것에 대해 골똘히 생각한다.					
12. 나는 타인이 잘못을 저지르고 있다고 생각되면 더 충분히 설명할 수 있도록 질문을 던진다.					
13. 나는 내 스스로 이해하지 못하더라도 상대방은 이해하도록 노력한다.					
14. 나는 타인의 말을 청취할 때 그의 입장에 서서 듣고 사물을 바라볼 수 있도록 노력한다.					
15. 대화를 나눌 때 상대방의 메시지를 정확하게 이해했음을 확인시켜 주기 위해 청취한 메시지를 복창한다.					

※ 채점 및 평가

각 칸에 적혀있는 점수를 합산하여 나온 점수를 다음의 연속선상에 표시하시오.

15 — 25 — 35 — 45 — 55 — 65 — 75 — 85

좋지 못한 경청자 … 좋은 경청자

※ 결과해석

자신의 점수는 어디에 해당하는지 알아본다. 만약 자신이 '좋지 못한 경청자' 쪽에 가깝다면 다음의 경청 훈련을 통해 경청 자세를 만들어 보도록 한다.

2) 말하기

말을 할 때는 상대방의 입장을 고려하여 자신의 생각을 말하고, 상대방이 부담을 느끼지 않도록 명령보다는 권유하는 방식의 대화법이 중요하다. 예를 들어, "꾸물거리지 마" 보다는 "내 입장도 생각해 줘"라든가, "이 집 짜장면 맛있어, 시켜" 보다는 "어떤 것을 시킬까?, 이집 짜장면 맛있다던데"라는 표현이 더 효과적인 대화법이라고 할 수 있다.

3) 나-전달법

나-전달법(I-Message)은 주어가 '나'로 시작되는 대화방법을 말한다. 나-전달법은 감정의 확인이나 피드백을 효과적으로 주고받기 위해서 사용하는 대화기법이다. 대인관계에서 대화의 걸림돌은 주어가 '너'로 시작되는 너-전달법(You-Message)이다. 많은 사람들은 대화를 시작할 때 '너'를 주어로 한다. 너-전달법은 대화에 많은 역작용을 불러일으킨다.

예 시

철수와 동수는 같이 콘서트에 가기로 약속을 했다. 철수가 콘서트 시작 시간이 되어도 오지 않아 동수가 기분이 상했다. 콘서트가 시작되고 한참 지나서 철수가 나타났다.

- **(너 전달법)** 야! 왜 인제와! 넌 약속을 지키는 적이 없어.
  → 철수는 자신을 나쁜 사람으로 인식하고 상처를 받는다.
- **(나 전달법)** 철수야! 왜 이렇게 늦었니? 나랑 약속할 때마다 늦어서 나를 중요하게 생각하지 않는 것 같아 속상해.
  → 철수는 상처를 받지 않고 동수의 의도를 알아차린다.

나-전달법은 1단계 행위 설명, 2단계 감정표현, 3단계 상대방 행위가 나에게 끼친 구체적 영향 등 3단계로 구성된다.

- 1단계(행위 설명) : 네가 약속시간에 제대로 오지 않은 것
- 2단계(감정 표현) : 내가 속상하다.
- 3단계(상대방 행위가 나에게 끼친 구체적 영향) : 나를 중요하게 생각하지 않는 것 같아서

Worksheet IV-5 나-전달법

001

아래 대화는 은영이가 진희에게 한 말이다. 이 말을 '나' 전달법의 3단계로 바꾸어 보자.

• 너-전달법

"진희야! 너 진짜 의리도 없다! 남자 친구 앞에서 나를 그렇게 망신시키는 법이 어디 있어? 고등학교 성적을 공개해 버리다니! 넌 친구도 아니야. 넌 이제 꼴도 보기 싫어."

• 나-전달법

① 행위설명 :

② 감정표현 :

③ 상대방이 나에게 끼친 구체적 영향 :

002

다음 상황을 나-전달법으로 표현해 보자.

상황 1) 대학생이 되었는데도 일일이 나의 생활을 참견하고 잔소리 하시는 어머니께 나-전달법을 사용하여 표현한다면?

상황 2) 동아리 선배가 도저히 내가 하고 싶지 않은 일을 기어이 시키려 들 때 나-전달법을 사용하여 표현한다면?

학습정리

001
인간관계란 사람을 대하고 사귀는 일로서 집단 속의 구성원 상호 간의 심리적 관계를 말한다.

002
성공적인 인간관계를 맺기 위해서는 자신의 인간관계를 점검해 볼 필요가 있다.

003
21세기는 정보망 지수인 인맥지수가 경쟁력을 좌우하는 시대이다.

종합평가

• 평가 준거

학습내용	평가항목		성취수준		
			우수	보통	미흡
인간관계	지식	인간관계 의미 이해			
		인맥의 중요성 이해			
		의사소통 방법 이해			
	수행	인간관계 파악 능력			
		인맥 만들기 능력			
		의사소통 능력			

• 평가 방법

— 학습자 평가 : 수행평가(시험형)

수행평가지

2016학년도 1학기

과목명	인성과 진로	교수명	
학과		학번	
이름		일자	

• (단답형) 다음 괄호 안에 들어갈 적절한 용어를 적어보시오.

지난 20세기가 지능지수(IQ)나 감성지수(EQ)를 중시하는 시대였다면 21세기는 정보망 지수인 (　　)가 경쟁력을 좌우하는 시대라고 할 수 있다. 따라서 인맥에도 세심한 관리가 필요하며 성공적인 인맥을 만들어 가는 것이 무엇보다 중요하다고 볼 수 있다.

답 : (　　　　　　　)

• (서술형) 바람직한 인맥관리 방법을 세 가지 이상 적어보시오.

• (서술형) 나-전달법의 3단계를 사례를 통하여 설명해 보시오.

— 교수자 평가: 체크리스트

평가영역	평가내용	성취 수준		
		우수	보통	미흡
인간관계 지식	1. 인간관계의 의미와 중요성을 설명할 수 있는가?			
	2. 인맥의 의미와 중요성을 설명할 수 있는가?			
	3. 의사소통 의미와 방법을 설명할 수 있는가?			
인간관계 수행능력	4. 나의 인간관계를 진단할 수 있는가?			
	5. 나의 인맥을 체크할 수 있는가?			
	6. 바람직한 인맥 관리방법을 제시할 수 있는가?			
	7. 경청자의 자세를 가졌는가?			
	8. 효과적인 말하기를 수행할 수 있는가?			
	9. '나-전달법'을 수행할 수 있는가?			
계				
피드백 방안				

체크리스트 활용법

- 성취수준은 '문항별 취득점수합계÷문항 수=평균점수'로 하며, 우수(3점), 보통(2점 이상), 미흡(2점 미만)을 의미한다.
- '우수'는 학습자가 해당 항목을 완벽하게 수행해내는 것을 의미한다.
- '보통'은 학습자가 해당 항목을 양호한 상태로 수행해내는 것을 의미한다.
- '미흡'은 학습자가 해당 항목을 제대로 수행해내지 못함을 의미한다.
- 성취수준이 2점 미만일 경우 '학습 저조자'로 판정하여 추후 학습자 개인 또는 교수자 차원에서 무엇을 해야 할 것인지 구체적인 피드백 방안을 제시한다.

학습모듈 V

개 요

부모로부터 독립해서 자아를 형성하고 진로 결정을 해야 하는 대학생 시기에는 리더십이 필요하다. 여기에서는 리더십의 개념과 중요성, 리더십 유형, 리더십 구성요소 등을 알아봄으로써 조직 내에서 성공적인 리더가 될 수 있는 방안을 제시한다.

학습목표

1) 일반 목표

리더십의 개념과 중요성, 리더십의 유형, 리더십의 구성요소를 이해하고 실천하는 능력을 기른다.

리더십

2) 세부 목표

- 리더십의 개념과 중요성을 이해하고 설명할 수 있다.
- 리더십의 유형을 이해하고 실천할 수 있다.
- 리더십의 구성요소 이해하고 실천할 수 있다.

주요 용어

리더십, 서번트 리더십, 팔로워십, 셀프리더십, 섬김, 대인관계, 인격, 자기계발

1 리더십의 개념과 중요성

리더십이란 목표를 설정하고, 설정된 목표에 따라 개인과 조직을 재편성하여, 명쾌한 의사 전달에 의한 동기를 부여하면서 개인과 집단을 변화시키고 목표 구현을 위한 수단을 동원하고 과업에 대한 진정한 의미를 찾는 과정이다.

대학생은 청소년도 아니고 성인도 아니다. 하지만 대학생은 성인으로서의 역할을 요구받기도 하고, 졸업 후에는 사회인으로서 살아갈 준비를 해야 한다. 이러한 독특한 위치 때문에 대학생에게는 리더십이 절실히 요구된다.

대학생에게 리더십이 중요한 이유는 크게 세 가지로 요약할 수 있다(김창민 외, 2011).

첫째, 대학생 시절에 자아를 형성하여야 한다는 점이다. 부모로부터 독립해서 독립된 자아를 형성하기 위해서는 자신만의 가치관과 세계관 수립이 필요하다.

둘째, 대학생 시절에 진로를 결정하기 때문이다. 진로를 결정하기 위해서는 자신의 적성이 무엇인지, 그리고 의미 있게 생각하는 가치는 무엇인지를 판단하여야 하며 이 과정에서 리더십이 요구된다.

셋째, 이 시기가 사회인으로서 준비를 하는 시기이기 때문이다. 대학을 졸업하면 사회인으로서 살아가게 된다. 이 경우 대인관계와 조직 적응력이 중요하게 된다.

2 리더십의 유형

1) 서번트 리더십(servant leadership)

리더가 봉사와 섬김의 정신으로 구성원의 아래에 위치하는 것을 강조한다. 따뜻한 마음과 인간에 대한 깊은 애정으로 신뢰를 구축하기 위하여 영향력을 행사하는 리더십이다. 서번트 리더십의 권위는 희생과 봉사에서 나오고, 희생과 봉사 정신은 내면적이며 영적인 사랑에서 나온다. 예수, 간디, 테레사 수녀의 리더십이 서번트 리더십의 대표적인 예가 된다.

2) 팔로워십(followership)

그동안 상사로부터 리더십 유효성을 찾으려 한데 반해서 효율적인 리더십의 여부는 부하가 결정한다고 보는 것이다. 위대한 리더 밑에는 훌륭한 부하들이 있는 경우가 많다. 성공하는 조직은 리드할 만한 리더도 있어야 하지만 이를 따라 줄 만한 부하가 있어야 하는 것이다. 어느 조직이나 리더보다 부하의 수가 많기 때문에 못난 리더가 있는 조직보다 못난 부하가 있는 조직이 더 빨리 망할 수 있다(정선영, 2013).

3) 셀프리더십(self leadership)

셀프리더십은 간단히 말해 "스스로 생각하고 스스로 행동하는 것"을 말한다. 셀프리더는 끊임없는 자기 관찰과 목표 설정을 통해 자기를 관리하고 자신의 옳고 그른 행동에 대한 단서를 관리해 나감으로써 문제점을 개선해 나가게 된다(이영희 외, 2010). 셀프리더십을 가지기 위해서는 무엇이 중요한지 확실한 가치관을 세우고 목표를 향해 삶을 살아가는 자세가 필요하다.

정주리의 셀프리더십

수년 전, 미국 국무성에서 외교관 공개채용 시험이 있었다. 이미 필기고사를 통하여 합격범위는 상당히 압축되어 있었지만 최종 구술시험의 경쟁도 여간 치열한 것이 아니었다. 한국 출신 이민 2세인 정주리도 필기시험에 합격하여 구술시험을 치르게 되었다. 그녀는 한국인에 경력, 배경, 박사학위도 없는 처지에서 쟁쟁한 실력자들과 경쟁을 하게 되었다. 어느 모로 보나 불리한 입장이었다.

드디어 구술시험 날짜가 되었고 정주리가 시험관 앞에 앉았다.

"자료를 보니까 한국계 이민 2세인데 맞습니까?"

"네, 그렇습니다."

"당신은 한국인의 후예로 한국에서 태어나 지금은 미국시민으로 살고 있습니다. 그런데 만약 이번 시험에 합격하면 앞으로 미국 정부의 외교관이 되어 활동하는 과정에서 미국의 이익과 한국의 이익이 서로 충돌하는 현장에 있게 될 수도 있습니다. 그렇게 된다면 당신은 어느 쪽의 이익을 선택하실 작정입니까?"

"저는 미국이나 한국, 그 어느 편에도 서지 않을 것입니다. 다만 정의의 편에 설 따름입니다."

바로 그 한 마디 대답으로 불리한 입장에 있던 정주리는 당당히 합격했다. 비슷한 질문에 대해 미국 편에 서겠다고 대답한 대부분은 모두 불합격했다.

평소 정주리가 가진 가치관과 소신으로 미국 정부 외교관 합격이라는 영광을 안을 수 있었다.

3 리더십의 구성요소

1) 섬김

학택지사(涸澤之蛇)라는 고사성어가 있다. 말라버린 연못의 뱀이 생존하려면 큰 뱀이 작은 뱀을 섬겨야 한다는 뜻으로 내가 높아지려면 내 주변 사람부터 높여야 한다는 의미이다. 내가 높다는 것을 과시하기 위하여 또는 내가 원하는 기대에 못 미친다고 남들이 보는 앞에서 동료를 무시하기보다는 그들의 작은 능력이라도 인정해주고 북돋아준다면 그것이 바로 조직을 위하는 길이다. 그래서 섬김은 위대한 리더의 필수 조건이라고 한다.

레오의 리더십

헤르만 헤세의 『동방순례(Journey to the East)』라는 소설에는 레오라는 인물이 등장한다. 레오는 하인들 중 한 명으로 짐 나르는 일을 도왔고, 때로는 순례단 대표의 사사로운 심부름을 맡아서 하기도 했다. 눈에 잘 띄지 않는 레오는 어딘가 사람을 끄는 데가 있었고, 사람의 마음을 사로잡는 힘이 있어서 모두가 그를 좋아했다. 그는 즐겁게 일했고, 노래와 휘파람을 부르고, 소박하고 자연스럽게 행동했다.

그런데 레오가 갑자기 사라져버렸다. 순례단은 백방으로 레오를 찾아 나섰지만 모두 허사였다. 그의 실종이 확실해지면서 이상하게도 순례자들의 여행 자체가 점점 가치를 잃게 되었다. 순례단에게 안정과 평화로움을 가져다주던 레오의 노래와 휘파람 소리를 듣지 못하게 되자 결국 무리들은 무질서해지고 여행은 중단되었다.

Worksheet V-1 나의 리더십은?

리더는 명령하는 사람이라기보다, 섬기며 봉사하는 사람이다. 가장 높은 지위에 앉아 있는 사람이 반드시 그 공동체의 리더는 아니다. 레오와 같이 '봉사의 법칙'으로 사람들을 이끌 때 리더십을 발휘할 수 있다. 레오와 같이 섬김의 정신을 발휘하기 위해서는

나는

예 1) 나는 우리 강의실의 청소를 솔선수범해서 할 것이다.

예 2) 우리 학과에서 다른 친구들이 어렵고 힘들다고 피하는 일은 나는 기꺼이 할 것이다.

2) 대인관계

원만한 대인관계는 성공적인 리더십을 위한 필수요건이다. 구성원들이 서로 믿고 격려해야 심리적인 안정감을 얻을 수 있으며 친밀하고 성숙한 관계로 발전시킬 수 있다.

3) 인격

리더는 최정상에 있는 사람이라고 생각하기 쉽다. 그러나 최정상에 선 사람은 성공한 사람일 뿐 리더는 아니다. 정상에 선 많은 사람들이 다른 사람에게 영향력을 미치지 못하고 오히려 다른 사람들은 불행하게 만들고 역사를 후퇴시키기도 한다.

리더는 리더로서의 자질과 인격을 갖춘 사람을 부르는 말이다. 자기가 하는 일에 확신을 가지고 창의성 있게 일을 추진해 나가며, 타인의 능력과 상황을 이해하고 다른 사람을 설득할 수 있는 능력으로 자기가 속한 집단을 인도하여 모두가 만족할 만한 결과를 얻어내는 사람을 가리킨다.

Worksheet V-2 나는 어떤 리더가 되고 싶은가?

땅콩회항사건

'땅콩 리턴', '땅콩 회항' 으로 부르는 이 사건은 뉴욕에서 인천국제공항으로 향하던 여객기가 탑승한 부사장의 항의로 인해 출발하던 중에 탑승구로 돌아가 사무장 1명을 공항으로 내쫓은 뒤 예정된 시간보다 46분 늦게 출발하면서 일어났다.

사건은 당시 퍼스트 클래스에 탑승 중이던 항공사 부사장에게 여성 승무원이 견과류 간식을 제공하면서 발생했다. 부사장은 '승객의 의사를 물어보지도 않고 봉지째로 접시에 담지 않고 간식을 제공하는 것은 부적절하다'는 내용으로 승무원과 사무장을 호되게 질책 하였다. 이후 해당 사무장은 쫓겨나다시피 기체에서 내렸다고 하며 동승했던 승객의 증언으로는 부사장이 "너 내려!!" 라고 반말로 면박을 줬다고도 한다. 또한 승무원과 사무장에게 무릎을 꿇게 했다는 보도도 나오고 있다.

아무리 승무원의 잘못이 있다고 하더라도 상대방의 인격을 존중해서 따로 조용히 불러서 얘기를 하거나 국내로 돌아와서 해당 사항의 문제점이나 매뉴얼을 고치는 등의 조용한 방식으로 내부적인 수습이 얼마든지 가능하다.

이번 사건 이후 국내에서는 '갑질' 논란이 일고 있다. 자신의 일을 도와주는 사람에게 비인격적인 대우를 하는 사람들을 일컫는 말이다. '갑질'이 사회적인 이슈가 되면서 성공한 사람들이 제대로 된 인격을 갖추기를 주문한다.

위의 '땅콩회항 사건'을 보면서 나는

예) 나는 나와 같이 일하는 친구와 동료들의 이야기에 귀 기울이고 그들이 제시하는 의견을 수용하는 리더가 되고 싶다.

4) 자기계발

리더십은 특정인만이 갖고 태어나는 능력이 아니다. 교육과 훈련을 통해서 습득하고 달성할 수 있는 보편적인 인간능력이다. 그러면 자기계발을 위해서 어떤 훈련과 교육을 받아야 하는가? 자발적으로 공부하고 독서하고 창조적으로 생각하는 것이다. 리더십은 그 사람의 인격이요 성품이며 만들어지는 것이기 때문에 오랜 시간이 걸린다. 학문이나 기술의 습득보다 리더십을 배양하는 데는 더 오랜 기간의 훈련과 노력을 필요로 한다.

4 리더십 개발

대학생은 이전까지 입시라는 중압감에 빠져서 다른 사람과의 관계나 협동, 조직의 목표 등에 대한 생각을 하지 못했다. 그러나 대학생이 되면 자신의 비전이나 존재 목적을 생각하게 되고 진로를 탐색하게 되며 대인관계가 확장된다. 학과, 동아리, 아르바이트 직장, 봉사단체 등 다양한 조직에서 사람과의 관계를 만들어 가게 된다. 대학을 졸업 한 후 사회에 진출하면 경제적, 사회적 목적을 갖는 조직 속에서 생활하게 된다.

이 과정에서 필요한 것은 리더십이다. 리더십은 타고 난 것이 아니다. 리더십은 후천적인 노력으로 개발되는 것이다. 리더십은 저절로 형성되는 것이 아니며 적극적인 개발활동을 통해서 신장되는 것이다. 따라서 대학생은 적극적으로 리더십을 개발하려는 의지를 가지는 것이 필요하다. 적극적인 의지가 있을 때 리더십 개발 활동을 하게 되고, 활동을 개발 할 때 비로소 좋은 리더십을 가질 수 있게 된다.

대학생 리더십 키우기 10계명

1. 행사에 적극 참여하라.
   MT, 농촌현장 활동, 배낭여행 등 각종 행사에 참여해 프로그램을 기획하고 진행한다.

2. 임원을 맡아라.
   학생회, 동아리 등 각종 단체 임원을 맡으며 선후배, 교수와 폭넓게 교류한다.

3. 동호회를 개설하라.
   기존 동호회나 모임에 가입하는 것도 좋지만 인터넷 카페, 스터디 그룹 등 스스로 모임을 만들어 보는 것도 좋다.

4. 리더십을 간접 체험하라.
   성공한 CEO와 관련된 책을 읽거나 세미나에 참석한다.

5. 말하기 연습하라.
   평소 말하기 연습을 통해 설득력 있고 호감 있게 말하는 법을 익힌다.

6. 자기 PR하라.
   자신의 능력과 성공 경험을 직·간접적으로 알리는 것도 중요하다.

7. 능동적으로 생각하라.
   작은 일이라도 자신이 그 일의 책임자라면 어떻게 할지 생각하는 습관을 갖는다.

8. 언행일치하라.
   말한 것은 행동으로 직접 실천하는 태도를 지녀야 한다.

9. 봉사활동 하라.
   사회봉사뿐만 아니라 주변에서 어려움을 겪는 친구가 있다면 찾아가서 함께 한다.

10. 성공한 자신의 모습을 그려라.
    미래에 일하고 싶은 분야에서 인정받는 모습을 그려 보면서 자신감을 갖고 긍정적으로 생각한다.

Worksheet V-3 나의 리더십 점수

번호	내용	아주 그렇다	그렇다	보통이다	그렇지 않다	전혀 그렇지 않다
1	나는 내가 속한 단체에서 필요한 것을 잘 결정할 수 있다.					
2	나는 나 자신에 대해서 전반적으로 긍정적으로 생각한다.					
3	나는 다른 사람에게 나의 감정을 잘 표현하는 편이다.					
4	나는 어떤 일을 함에 있어서 목표 설정을 잘하는 편이다.					
5	나는 다른 사람을 대할 때 항상 진실한 마음을 가진다.					
6	나는 문제해결을 위해 많은 정보를 효과적으로 사용할 줄 안다.					
7	나는 어떤 일을 행할 때 각 구성원에게 책임을 맡기는 편이다.					
8	나는 우선순위를 정하여 일을 처리한다.					
9	나는 다른 사람에게 대단히 호의적인 편이다.					
10	나는 어떤 지식이든지 배울 자세가 되어 있다.					
11	나는 어떤 일을 행할 때 다른 사람의 요구를 잘 고려한다.					
12	나는 어떠한 일에도 책임 있는 태도를 가지고 있다.					
13	나는 다른 사람을 대함에 있어 친근한 성품의 소유자다.					
14	나는 내가 속한 집단 성원들이 제기한 요구사항을 잘 수용한다.					
15	나는 타인의 말을 주의 깊게 듣는 편이다.					
16	나는 여러 가지 대안들 중 적절한 것을 잘 선택하는 편이다.					
17	나는 나 이외의 다른 사람들도 중요하다고 생각한다.					
18	나의 의견이 잘 받아들여지도록 집단의 분위기를 잘 조성한다.					
19	나는 어떤 일을 행함에 있어 여러 가지 대안들을 고려한다.					
20	나는 항상 다른 사람들을 존중하는 태도를 가지고 있다.					
21	나는 여러 가지 문제를 해결할 수 있는 능력을 가지고 있다.					
22	나는 내가 한 실수를 잘 수습하는 편이다.					
23	나는 매사에 재치 있게 일을 처리하는 편이다.					
24	나는 일 처리 과정에서 융통성을 발휘할 수 있다.					
25	나는 다른 사람들과 잘 화합하는 편이다.					
26	나는 나의 주장이나 생각을 타인에게 명확하게 설명할 수 있다.					
27	나는 감정에 치우치지 않고 합리적으로 사고하는 편이다.					
28	나는 어떠한 변화도 수용할 자세가 되어 있다.					
29	나는 다른 사람에 대한 나의 매너가 좋다고 생각한다.					
30	나는 다른 사람을 신뢰하는 편이다.					

※ 채점방법

아주 그렇다: 5점 / 그렇다: 4점 / 보통이다: 3점 / 그렇지 않다: 2점 / 아주 그렇지 않다: 1점

※ 평가방법

- 130점 이상: 리더십이 매우 좋다.
- 110~130점: 리더십이 좋다.
- 90~110점: 리더십 개발이 필요하다.
- 90점 이하: 리더십 개발이 매우 필요하다.

※ 리더십 영역별 진단

영 역	문 항
의사소통기술	3, 15
의사결정기술	1, 4, 8, 16, 19
인간관계기술	5, 9, 17, 20, 23, 25, 29
학습능력기술	6, 10, 21, 27
집단관리기술	7, 28, 30
자기이해기술	2, 12, 13, 22, 24, 26
집단활동기술	11, 14, 18

* 출처: 김창민 외(2011). **대학생과 리더십**. 홍릉과학출판사.

Worksheet V-4 나의 리더십 개발

001

나의 리더십 평가 결과에 따라 나에게 부족한 항목을 적어보고 그 부족한 리더십 영역을 어떻게 보완해 나갈 것인가를 구체적으로 기술해 보자. 그리하여 자신만의 리더십 모델을 만들어 보자.

	보완할 점	보완 · 개발 방법
1		
2		
3		
4		
5		
6		
7		
8		
9		
10		

학습정리

001

리더십은 목표를 설정하고, 설정된 목표에 따라 개인과 조직을 재편성하고 명쾌한 의사 전달에 의한 동기를 부여하면서 개인과 집단을 변화시키고 목표 구현을 위한 수단을 동원하고 과업에 대한 진정한 의미를 찾는 과정이다.

002

리더십은 서번트 리더십, 팔로워십, 셀프리더십으로 구분된다.

003

리더십의 구성요소로는 섬김, 대인관계, 인격, 자기계발 등이 있다.

종합평가

• 평가 준거

학습내용	평가항목		성취수준		
			우수	보통	미흡
인간관계	지식	리더십의 개념과 중요성 이해			
		리더십의 유형 이해			
		리더십의 구성요소 이해			
	수행	자신의 리더십 개발 능력			

• 평가 방법

— 학습자 평가 : 수행평가(시험형)

수행평가지

2016학년도 1학기

과목명	인성과 진로	교수명	
학과		학번	
이름		일자	

• (단답형) 다음 괄호 안에 들어갈 적절한 용어를 적어보시오.

리더십의 유형으로는 서번트 리더십(servant leadership), 팔로워십(followership), (   )이 있다.

답 : (   )

• (서술형) 리더십의 구성요소를 적어보시오.

• (서술형) 대학생 리더십 10계명을 적어보시오.

— 교수자 평가: 체크리스트

평가영역	평가내용	성취 수준		
		우수	보통	미흡
리더십 지식	1. 리더십의 개념과 중요성을 설명할 수 있는가?			
	2. 리더십의 유형을 설명할 수 있는가?			
	3. 리더십의 구성요소를 설명할 수 있는가?			
리더십 수행능력	4. 자신의 가치관을 제시할 수 있는가?			
	5. 섬김의 리더십을 위한 방안을 제시할 수 있는가?			
	6. 원만한 대인관계 방법을 제시할 수 있는가?			
	7. 인격함양을 위한 방안을 제시할 수 있는가?			
	8. 자기 계발을 위한 방안을 제시할 수 있는가?			
	9. 자신의 리더십을 체크하고 개발 방안을 제시할 수 있는가?			
계				
피드백 방안				

체크리스트 활용법

- 성취수준은 '문항별 취득점수합계÷문항 수=평균점수'로 하며, 우수(3점), 보통(2점 이상), 미흡(2점 미만)을 의미한다.
- '우수'는 학습자가 해당 항목을 완벽하게 수행해내는 것을 의미한다.
- '보통'은 학습자가 해당 항목을 양호한 상태로 수행해내는 것을 의미한다.
- '미흡'은 학습자가 해당 항목을 제대로 수행해내지 못함을 의미한다.
- 성취수준이 2점 미만일 경우 '학습 저조자'로 판정하여 추후 학습자 개인 또는 교수자 차원에서 무엇을 해야 할 것인지 구체적인 피드백 방안을 제시한다.

학습모듈 VI

개 요

진로탐색은 자신을 이해하고 자신의 능력, 적성, 특성에 적합한 직업이 무엇인지를 알아보는 과정으로 진로를 계획하고 직업을 선택하는 데 있어 반드시 필요한 절차이므로 미래 직업인으로서 자신에게 적합한 진로를 탐색할 수 있는 능력을 함양해야 한다.

학습목표

1) 일반 목표

미래의 직업인으로서 자신의 직업적 능력, 적성, 특성 등에 대한 이해를 기초로 자신에게 적합한 진로를 탐색해나가는 능력을 기른다.

진로탐색

2) 세부 목표

- 진로의 의미와 중요성을 설명할 수 있다.
- 진로탐색의 필요성과 방법을 설명할 수 있다.
- 직업의 의미와 직업탐색의 중요성을 설명할 수 있다.

주요 용어

진로, 진로탐색, 직업경험, 직업심리검사, 직업세계, 직업탐색

1 진로탐색 이해

1) 진로의 개념

진로란 직업보다 폭넓은 개념으로 직업만이 아니라 결혼, 가정생활, 자녀 양육, 노후생활 등 삶 전반에 걸친 모든 일과 활동을 의미한다. 우리는 일을 통하여 경제적인 안정을 얻고 자신의 가치를 실현하며 사회 발전에 이바지할 때 삶의 행복과 보람을 얻을 수 있다는 점에서 진로는 매우 중요하다.

지금까지는 대학에서 전문적인 교육을 받고 그에 맞는 직업을 선택하며, 정해진 경로를 통해 높은 지위로 올라가는 직선적 과정을 전형적인 진로유형이라고 여겨왔다. 그러나 이러한 진학중심의 진로선택이 더는 좋은 직장으로 연결되지 않고 있음을 여러 대중매체를 통해 접하게 된다.

* 출처: SBS뉴스, 2014. 9. 30

2014년만 해도 취업 재수·삼수생이 47만여 명, 각종 대학과 대학원을 졸업한 고등교육기관 취업대상자 48만 5천여 명 중 실제 취업자는 28만 4천여 명으로 취업률은 58.6%에 그쳤다. 대졸자 10명 중 4명이 미취업자인 셈이다. 따라서 앞으로 더 좁아질 취업의 문을 통과하기 위해서는 자신이 진정 이루고자 하는 것이 무엇인지 명확한 목표를 가지고 적극적인 자세로 자신의 진로를 탐색하여 취업경쟁력을 갖추는 것이 무엇보다 필요하다.

2) 진로탐색의 중요성

진로는 기본적으로 개인의 특성과 능력, 환경과 관련되기 때문에 모든 개인에게 적용되는 표준적인 진로유형은 없다. 이런 점에서 진로탐색은 자신을 이해하고 자신의 성향과 능력이 어떠한 직업에 적합한지를 알아보는 과정으로 진로를 계획하고 직업을 선택하는 데 있어 반드시 필요한 절차이다. 즉 자신이 어떤 특징을 가지고 있고 어떤 일을 하고 싶은지 알아가는 것이 진로탐색이다.

현대사회는 어떤 분야에서든지 과거와 비교도 할 수 없을 정도로 수많은 직업들이 존재하며 우리나라만 해도 국내 직업의 수가 총 1만 1,600여 개의 직업이 있다는 고용노동부의 집계 결과가 있다. 따라서 자신이 좋아하는 일을 할 수 있는 직업이 무엇인지 충분히 탐색 후 자기 스스로 잘해낼 수 있고 그 일을 하면서 보람과 행복을 느낄 수 있는 의미 있는 직업을 선택하도록 해야 할 것이다. 이런 점에서 직업경험 분석과 직업심리검사는 자신의 진로를 탐색하는 데 매우 유용한 방법이 될 수 있다.

(1) 직업경험 분석

많은 대학생들이 아르바이트를 통해 다양한 직업에 대한 경험을 쌓고 있다. 이러한 직업경험은 자신의 직업적 흥미와 직업 가치관을 파악할 수 있고 다양한 직업들 중에서 자신에게 적합한 직업을 탐색하는 데 유용한 도움을 준다. 또한 서로의 직업경험을 공유해 봄으로써 미처 알지 못한 직업에 대해 친구들로부터 배울 수 있는 기회가 될 수 있을 것이다.

Worksheet VI-1 직업경험 회상

01

자신이 경험한 직업들은 무엇이었으며, 왜 그 일을 하고 싶어 했는지, 그만 둔 이유는 무엇이었는지 적어 보자. 그리고 직업들 중에서 가장 마음에 끌리는 직업부터 순위를 매겨 보자(가장 매력을 느낀 일에 1, 다음으로 매력적인 일에 2, ... 순으로 표시함).

직업명	시작한 이유	그만 둔 이유	순위

02

일을 하면서 겪은 특별한 사건(다른 사람들로부터 칭찬, 격려, 인정 등 또는 반대의 경우)을 적어보자.

03

자신의 진로에 영향을 끼친 직업경험이 있다면 무엇인지 적어보자.

(2) 직업심리검사

올바른 진로를 선택하려면 개인의 특성을 객관적으로 파악하는 것이 무엇보다 중요한데, 그 역할을 하는 것이 직업심리검사이다. 더불어 개인의 특성과 직업에서 요구하는 특성을 매칭시켜 적합한 직업분야를 제시해주기도 한다. 직업심리검사에는 홀랜드(Holland)의 진로탐색검사, 스트롱(strong) 직업흥미검사, 고용노동부 워크넷(worknet)의 직업심리검사 등이 있으며 대학 인력개발센터나 웹 사이트에서 검사를 받을 수 있다. 이러한 직업심리검사를 통해 자신의 흥미, 가치, 능력을 파악하고 자신에게 적합한 다양한 진로 정보를 얻을 수 있을 것이다.

고용노동부 워크넷(www.work.go.kr)의 직업심리검사

한국고용정보원 직업심리검사는 청소년(10종)과 성인(11종)을 대상으로 총 21종의 검사가 있으며, 각 검사의 안내를 참조하여 자신에게 필요한 검사를 받을 수 있습니다. 검사는 온라인과 지필검사로 모두 받으실 수 있고, 워크넷을 통한 온라인검사는 검사 실시 후 결과표를 즉시 확인할 수 있습니다. 또한 검사결과에 대한 상담을 원하는 경우 고용노동부 고용센터(1350)의 전문 직업 상담원의 상담을 받을 수 있습니다.

2 직업세계 탐색

과거에는 한 직업을 평생 동안 고수하는 경우가 많았기 때문에 진로를 직업과 동일어로 취급하였다. 그러나 현대에 와서는 직업의 종류가 다양해지고 새로운 직업이 생겨남에 따라 개인이 일생 동안 여러 직업을 선택할 수 있게 되어 진로와 직업을 구별하여 접근한다.

직업은 생계유지를 위한 경제적, 사회적 활동을 의미한다. 대부분의 성인들은 하루일과의 대부분을 직장에서 직업적 활동을 하면서 사회 구성원으로 참여하고 생계를 유지하며 자신의 가치를 실현하고 삶의 보람을 누리게 된다. 즉 우리는 경제적 측면에서 가장 기본적인 욕구인 의식주를 해결하기 위하여 직업에 종사해야 하며, 사회적 측면에서 사회의 한 구성원으로 일정한 역할을 수행하면서 사회의 유지와 발전에 기여하며, 심리적 측면에서 직업을 통해 자신의 소질과 능력을 개발하여 자아를 실현하게 된다. 이 중에서 경제적 측면에서의 직업적 의미가 주요 목적으로 강조되기도 하지만 다음 <표 6-1>과 같이 개인의 특성이나 욕구에 따라 직업의 의미는 달라질 수 있다.

|표 6-1| 직업선택의 목적

생계수단형	직업을 오직 먹고살기 위한 수단으로써 생각하고 선택한다. 직업에 대한 자긍심이 부족하여 치열한 경쟁시대에서는 살아남기 어려운 직업관이다.
물질추구형	물질을 통해 편리함과 여유를 추구하며, 순간적 자극과 만족을 중요시한다. 보수가 높은 직업을 추구하지만 행복을 느끼기 어려운 직업관이다.
성공수단형	출세의 수단으로 직업을 생각하고 선택한다. 사회 발전의 원동력이 되기도 하지만, 과정을 무시하고 결과만을 중시하여 비이성적 사회 분위기를 조성하기도 한다.
자기계발형	기술과 기능 등 저마다의 타고난 소질을 계발하려는 장인정신을 갖고 있어 항상 발전을 모색하는 모습을 보인다. 보람과 긍지를 추구하여 개인의 행복과 사회 발전의 원동력이 된다.
소명형	직업을 자신이 져야 할 책임과 사명으로 받아들이며, 헌신적이고 때로는 고통을 감내하기도 하면서 일에 대한 기쁨과 행복을 만끽한다.

실제로 한국고용정보원의 연봉 높은 직업과 직업만족도가 높은 직업을 조사한 결과를 살펴보면, 우리가 직업을 선택하고 그 직무를 수행할 때 경제적인 측면이 우리를 만족시켜주는 전부가 아니라는 것을 알 수 있다. 오히려 교육자나 상담사, 치료사 등 다른 이들과 함께 발전할 수 있는 직업, 성우나 국악인, 작곡가 등 자신의 재능을 발휘할 수 있는 직업에서 직업만족도가 더 높았다. 따라서 자신에게 맞는 직업이 무엇인지 충분히 탐색 후, 자신의 직업 가치관과 그 직업의 특성이나 동향 등을 잘 고려하여 자기 스스로가 잘 해낼 수 있고 일을 하면서 자신에게 도움이 될 만한 의미 있는 직업을 선택하도록 해야 할 것이다.

|표 6-2| 연봉 높은 직업과 만족도가 높은 직업 비교

직업 만족도가 높은 직업 BEST 20

직 업	연봉 (만원)	전망 (%)	만족도 (백분위 점수)
1 사회계열 교수	6321	6.7	99
2 교육계열 교수	6241	13.3	99
3 초등학교 교장 및 교감	5923	13.3	99
4 인문계열 교수	6259	20.0	98
5 성우	4248	50.0	98
6 학예사(큐레이터)	3668	43.3	98
7 상담 전문가	2762	75.0	98
8 작곡가	2591	60.0	98
9 신부	1971	16.7	98
10 아나운서	5262	33.3	97
11 기술지원 전문가	3473	70.0	97
12 국악인	2959	53.3	97
13 도선사	10539	33.3	96
14 대학교 총장 및 학장	8040	6.7	96
15 한의사	6790	56.7	96
16 방사선과 의사	6580	53.3	96
17 자연계열 교수	6123	32.3	96
18 심리학 연구원	3142	94.3	96
19 놀이치료사	2577	86.7	96
20 성형외과 의사	9278	56.7	95

연봉 높은 직업 BEST 20

직 업	연봉 (만원)	전망 (%)	만족도 (백분위 점수)
1 기업 고위 임원(CEO)	10988	36.7	75
2 국회의원	10652	16.7	86
3 도선사	10539	33.3	96
4 성형외과 의사	9278	56.7	95
5 항공기 조종사	9183	97.2	86
6 변호사	8860	43.3	89
7 외과 의사	8268	60.0	90
8 치과 의사	8224	93.3	64
9 대학교 총장 및 학장	8040	6.7	96
10 행정부 고위 공무원	7403	10.0	89
11 정신과 의사	7394	63.3	94
12 의약계열 교수	7332	36.7	91
13 산부인과 의사	7283	0.0	86
14 프로야구 선수	7255	53.3	24
15 안과 의사	7150	60.0	82
16 피부과 의사	7116	76.7	92
17 공학계열 교수	7036	16.7	95
18 비뇨기과 의사	7012	46.7	90
19 소아과 의사	6889	20.0	93
20 회계사	6853	40.0	70

* 출처: 한국고용정보원.

직업 선택에 있어 중요한 전략 중의 하나는 직업에 대한 다양한 정보를 빠르게 얻는 것이다. 즉, 현실적으로 가능하면서 장기적인 목표를 가지고 달성할 수 있는 직업이어야 한다는 점에서 자신이 희망하는 직업에 대해 정확한 정보를 획득하는 것은 매우 중요하다. 가령 탐색된 직업들 중에 자신이 원하는 직업이 없거나 있어도 단기간에 이룰 수 없는 직업이 있을 수도 있다. 그럴 경우 자신의 이상과 현실 사이의 차이를 좁히지 못하여 갈등에 처할 수도 있다. 따라서 직업관련 정보를 얻을 수 있는 사이트를 통해 자신에게 가장 적합한 직업을 찾아보면 합리적인 직업 선택에 큰 도움을 얻을 수 있을 것이다.

취업 준비생 직업선택 기준 '안정성'보다 '흥미'

취업포털 인크루트(www.incruit.com, 대표 이광석)가 20대 취준생(취업 준비생) 568명을 대상으로 '직업선택 기준'에 대한 설문 결과를 발표했다. 이에 따르면 취준생의 45.8%가 직업 선택 시 가장 고려하는 요소로 '흥미/적성/재미'를 선택한 것으로 나타났다.

이는 '안정성'(23.1%)보다 약 두 배 높은 수치로, 청년들의 직업선택 기준이 과거와 달라지고 있는 것으로 분석된다. 이는 인크루트 지난 7월 조사한 대학생이 선정한 일하고 싶은 기업 조사에서, 기업 선택 기준으로 '즐겁게 일할 수 있는 기업문화'의 비율이 높아지고 있는 것과도 같은 맥락이다. 다음으로는 소득(연봉)이 19.0%, 비전이 10.3% 등으로 나타났다.

인크루트 관계자는 "최근 들어 제니퍼소프트, 핸드스튜디오 등 대기업 못지 않은 복지 등을 갖추면서 즐겁게 일할 수 있는 문화를 지향하는 기업들이 다수 소개되면서 취준생의 관심이 쏠리고 있다."고 분석했다.

하지만 입사를 희망하는 기업은 여전히 대기업이 우세한 것으로 나타났다. 입사를 희망하는 기업형태에 '대기업'이 25.5%로 가장 높은 것. 중견기업이 23.4%로 대기업과 큰 차이가 나지 않는 것은 눈에 띄는 특징이다(정부부처/공기업 21.0%, 중소기업 16.2%, 외국계기업 9.3% 순). 성별로는 남성의 경우 대기업이 27.8%로 가장 높았던 반면, 여성은 중견기업 24.1%로 1순위를 차지했다.

한편 20대 취준생들이 가장 선호하는 직업으로는 전문직, 특수직이 17.3%로 가장 높았으며 그 뒤를 이어 일반사무직(16.9%), 공무원(12.5%), 마케팅, 광고, 홍보직(11.4%), 연구개발직(7.9%)의 순이었다. 선택한 직업이 전공과 관련된 것이냐는 질문에 62.3%의 학생이 그렇다고 응답했으며, 그렇지 않다는 응답도 37.7%나 됐다.

출처 위키트리(http://www.wikitree.co.kr). 2014. 10. 23

| 직업정보 추천 사이트 |

- 워크넷(www.work.go.kr)
- 한국직업정보시스템(know.work.go.kr)
- 한국직업능력개발원(www.kriver.re.kr)
- 커리어넷(www.careernet.re.kr)
- 직업길라잡이(www.vcpkorea.com)
- 위민넷(www.women-net.net)
- 청년고용 포털 사이트(www.chachacha.go.kr)
- 중소기업 전문 취업 포털(잡월드)(www.ibkjob.co.net)

Worksheet VI-2 좋아하는 직업탐색

001

자신이 좋아하는 직업을 5개 찾아보고 그 이유를 적어보자.

직업명	알고 있는 내용	선택한 이유

002

가장 좋아하는 직업 3개를 골라 아래 빈칸에 순서대로 기입한 후 그 이유를 적어보자.

순위	직업명	선택한 이유
1		
2		
3		

003

좋아하는 직업 중 현실적인 조건을 고려하여 나의 직업으로 하나를 선택해야하는 상황이 되었다면 어떤 직업을 고르겠는가?

004

본 활동을 통해 느낀 점은 무엇인가?

학습정리

001

진로는 직업만이 아니라 결혼, 가정생활, 자녀 양육, 노후생활 등 삶 전반에 걸친 모든 일과 활동을 의미한다. 우리는 일을 통하여 경제적인 안정을 얻고 자신의 가치를 실현하며 사회 발전에 이바지할 때 삶의 행복과 보람을 얻을 수 있다는 점에서 진로는 매우 중요하다.

002

진로탐색은 자신을 이해하고 자신의 성향과 능력이 어떠한 직업에 적합한지를 알아보는 과정으로 진로를 계획하고 직업을 선택하는 데 있어 반드시 필요하다.

003

직업은 생계유지를 위한 경제적, 사회적 활동을 의미한다. 즉 경제적 측면에서 가장 기본적인 욕구인 의식주를 해결하기 위하여 직업에 종사해야 하며, 사회적 측면에서 사회의 한 구성원으로 일정한 역할을 수행하면서 사회의 유지와 발전에 기여하며, 심리적 측면에서 직업을 통해 자신의 소질과 능력을 개발하여 자아를 실현하는 활동이다.

종합평가

• 평가 준거

학습내용	평가항목		성취수준		
			우수	보통	미흡
진로탐색	지식	진로의 개념 이해			
		진로탐색의 중요성 이해			
	수행	직업을 탐색하는 능력			

• 평가 방법

— 학습자 평가 : 수행평가(시험형)

수행평가지

2016학년도 1학기

과목명	인성과 진로	교수명	
학과		학번	
이름		일자	

• (서술형) 진로탐색의 중요성에 대해 서술하시오.

• (단답형) 다음은 진로탐색에 대한 설명이다. 빈칸에 들어갈 적절한 용어를 적으시오.

> 올바른 진로를 선택하려면 개인의 특성을 객관적으로 파악하는 것이 무엇보다 중요한데, 그 역할을 하는 것이 (   )이다. 더불어 개인의 특성과 직업에서 요구하는 특성을 매칭시켜 적합한 직업분야를 제시해주기도 한다.

답 : (   )

• (선택형) 직업선택의 목적을 바르게 설명한 것을 고르시오.

① 생계수단형은 직업을 책임감과 사명감으로 받아드리고 선택한다.
② 성공수단형은 출세를 통해 편리함과 여유를 추구하기 위해 직업을 선택한다.
③ 자기계발형은 자신이 타고난 소질을 계발하려는 장인정신에서 직업을 선택한다.
④ 물질수단형은 직업을 오직 먹고살기 위한 수단으로 생각하고 선택한다.

— 교수자 평가: 체크리스트

평가영역	평가내용	성취 수준		
		우수	보통	미흡
진로탐색에 관한 지식	1. 진로의 중요성을 설명할 수 있는가?			
	2. 진로탐색의 필요성을 설명할 수 있는가?			
진로정보를 탐색하는 능력	3. 진로탐색의 여러 방법을 설명할 수 있는가?			
	4. 자신이 선호하는 직업에 대해 설명할 수 있는가?			
계				
피드백 방안				

체크리스트 활용법
• 성취수준은 '문항별 취득점수합계÷문항 수=평균점수'로 하며, 우수(3점), 보통(2점 이상), 미흡(2점 미만)을 의미한다. • '우수'는 학습자가 해당 항목을 완벽하게 수행해내는 것을 의미한다. • '보통'은 학습자가 해당 항목을 양호한 상태로 수행해내는 것을 의미한다. • '미흡'은 학습자가 해당 항목을 제대로 수행해내지 못함을 의미한다. • 성취수준이 2점 미만일 경우 '학습 저조자'로 판정하여 추후 학습자 개인 또는 교수자 차원에서 무엇을 해야 할 것인지 구체적인 피드백 방안을 제시한다.

학습모듈 VII

개 요

진로설계는 삶에 대한 총체적 안목을 가지고 자신의 목표가 무엇인지에 대해 생각해 보고, 지금 내가 해야 할 일이 무엇인지, 어떤 노력이 필요한지 등에 대해 체계적인 계획을 수립하는 것을 의미한다. 한번 결정된 진로는 개인의 생활양식을 결정할 뿐 아니라 인생의 모든 측면에 영향을 끼치기 때문에 전 생애적 관점에서 진로를 설계할 수 있어야 한다.

학습목표

1) 일반 목표

삶의 목표를 설정하고 실천하는 일련의 진로설계 단계를 이해하고 자신에게 적합한 진로설계를 계획하는 능력을 기른다.

진로설계

2) 세부 목표

- 진로설계의 필요성을 설명할 수 있다.
- 진로설계를 위한 목표를 설정할 수 있다.
- 진로목표에 따른 실행계획을 수립할 수 있다.

주요 용어

진로설계, 자기탐색, 직업탐색, 직무분석, 목표설정, 실행계획

1 진로설계 이해

1) 진로설계의 필요성

건축물을 짓기 위해서 설계도가 필요하듯이 인생에서도 행복하고 성공적인 삶을 누리기 위해서는 무엇보다 삶의 목표를 설정하고 실천 가능한 인생의 청사진을 그린 진로설계가 필요하다. 그러나 자신의 미래 진로를 설계한다는 것은 단순히 진로에 대한 지식이나 정보를 받아들이는 것과는 다른 차원의 어렵고 복잡한 과정이다. 한번 결정된 진로는 개인의 생활양식을 결정할 뿐 아니라 인생의 모든 측면에 영향을 끼치기 때문에 전 생애적 관점에서 진로설계를 계획해야 한다. 따라서 진로설계는 삶에 대한 총체적 안목을 가지고 자신의 목표가 무엇인지에 대해 생각해 보고, 지금 내가 해야 할 일이 무엇이며 어떤 노력이 필요한지 등에 대해 점검해 볼 기회가 된다. 이런 점에서 자신이 하고 싶은 일을 찾고 준비하는 대학시절은 미래에 대한 진로설계를 하는 좋은 출발점이 될 수 있다.

2) 진로설계를 위한 준비

(1) 자기탐색

진로설계의 시작은 자기 자신에 대한 탐색 작업으로부터 시작된다. 삶의 비전과 목표를 세우고 그것을 실천하기 위해 자신의 흥미, 성격, 적성, 능력 등에 대한 분석과 자신을 둘러싼 미시적·거시적 환경에 대한 분석이 필요하다.

(2) 직업탐색

평소 자신이 관심이 있던 직업에 대한 정보를 수집하고 분석해 본다. 다양한 매체를 통해 직업의 현황, 전망, 필수요건, 근무환경 등에 대해 분석해 봄으로써 해당 직업에 대한 이해가 심화될 수 있고 차후의 직업 선택에 유용한 정보를 제공해 준다.

(3) 직무분석

자기탐색과 직업분석을 통해 자신에게 적합한 직업을 선택했다면 해당 직업의 직무에 대해 알아봄으로써 그 직업이 요구하는 일의 내용을 파악한다. 직무분석을 통해 직무수행에 필요한 자질, 능력 또는 필요한 자격증, 면허증 등을 파악할 수 있고 대학생활을 통해 미리 준비할 수 있게 된다.

2 목표설정

1) 목표설정의 중요성

진로를 설계한다는 것은 이루고자 하는 목표가 생긴 것을 의미한다. 진로설계에서 목표설정은 삶의 방향을 설정해 주고 삶에 의미를 부여하며 개인의 행동에 직접적인 영향을 미친다는 점에서 의미 있다. 특히 대학생활에 있어서 목표설정은 새로운 영역에 대해 자신의 강점을 활용하고 개발하게 하는 체계적인 탐색과정을 뜻하기 때문에 진로설계의 중요한 지침이 된다. 가령 성공한 사람들이 어떤 방법으로 일했기에 남다른 성취를 거둘 수 있었는가를 살펴보면 공통적으로 '분명한 목표'를 가지고 있음을 알 수 있다. 즉 삶의 목표를 세움으로써 방황이나 혼란을 막을 수 있고, 자신의 힘을 한 방향으로 집중할 수 있게 되며, 목표가 동기유발 기제로 작용하여 궁극적으로 스스로 삶의 주인이 되게 한다.

한 예로 예일대학교 졸업생들의 20년의 삶을 추적 조사한 연구에 의하면 구체적인 서면목표를 가진 3%의 졸업생과 구체적인 목표는 있지만 글로 남겨두지 않은 10%의 졸업생들의 20년 이후의 삶에 큰 차이점을 보였다.

졸업시점에서는 이들 간에 학력, 재능, 기술면에서 아무런 차이가 없었지만 20년 후 서면목표를 작성했던 3%의 졸업생은 부와 명예를 누리는 지도층이 되었고, 목표를 생각만 했던 10%의 졸업생은 비교적 여유 있게 사는 중산층이 되었다고 한다. 더욱 흥미로운 것은 3%의 졸업생이 10%의 졸업생보다 10배 이상 뛰어난 능력을 발휘했다고 한다.

따라서 구체적인 목표 설정을 통해 행동으로 실천하는 것이 무엇보다 중요하다. 다른 사람의 강요나 요청에 의해서 수립하는 목표가 아니라 스스로 자신의 능력을 평가하고 이를 바탕으로 자신에게 맞는 인생의 장기목표를 설정하고 그것을 달성할 수 있는 실현가능한 구체적인 단기목표를 세워 계획적으로 실천하는 것이다. 개인의 목표는 자신이 속한 사회와 주어진 환경의 변화에 따라 유동적으로 변화될 수 있기 때문이다. 그러므로 장기목표는 삶의 비전에 기초하여 10년, 5년, 3년 정도에 해당하는 목표를, 단기목표는 1년, 1달, 1주, 1일 동안 이루고 싶은 목표를 선정하도록 한다.

2) 목표설정의 SMART 법칙

(1) S(Specific) : 구체적인 목표를 세워라

목표는 구체적이어야 한다. 구체적인 목표는 이루어지기 쉽다. '언젠가는 부자가 될 거야'라는 식의 막연한 목표는 달성 가능성이 희박하다. '3년 동안 3천만 원을 모을 거야', 또는 '이번 학기에는 주말마다 아르바이트를 할 거야'와 같이 목표는 구체적이고 분명할수록 달성 가능성이 높아진다.

(2) M(Measurable) : 측정가능한 목표를 세워라

목표에 따른 변화의 정도가 오감을 통해 선명하게 관찰될 수 있어야 한다. '영어 실력을 높인다'보다는 '하루에 단어 10개, 한 달 동안 300개 외우기', '토익점수를 현재 점수보다 20% 향상시키기'가 달성 가능성이 훨씬 높다. 왜냐하면 수치로 확인할 수 있는 목표를 갖고 수치로 피드백을 받으면 그만큼 목표 달성 과정을 정확히 파악할 수 있기 때문이다.

(3) A(Action-oriented) : 행동중심적 목표를 세워라

목표는 사고 중심적인 것이 아니라 행동 중심적이어야 한다. '친절한 사람'이 되는 목표를 갖는다면 달성하기가 어렵다. 왜냐하면 거기에는 행위가 명시되지 않았기 때문이다. 따라서 '매일 한 번씩 다른 사람을 도와주겠다', '오늘 만나는 사람들에게 내가 먼저 인사를 하겠다'와 같은 행동 중심적인 목표로 바꾸어야 한다.

(4) R(Realistic) : 실현가능한 목표를 세워라

자신이 세운 목표를 달성하려면 구체적이면서도 실현 가능한 작은 일부터 시작해야 한다. 새해 금연을 목표로 세웠다면 '영원히 금연한다'는 각오는 부담이 너무 커서 오히려 금연계획을 포기하게 만들 수 있다. 그러나 '담배를 평소의 2/3으로 줄여야겠다', '오늘 하루만 금연하기'처럼 '단 하루만'이라는 실현가능한 목표를 설정하면 담배와 거리를 두기가 더 쉽다.

(5) T(Timely) : 달성기한이 있는 목표를 세워라

성과를 올리지 못하는 사람들의 특징 중 하나는 목표 달성에 소요되는 시간을 적절하게 배분하지 못한다는 것과 즉각 실천하지 않는다는 점이다. '이번 학기 안에 ○○자격증을 취득한다'와 같은 목표를 성공적으로 달성하려면 소요시간을 충분히 예상하여 데드라인 설정하여야 하며, 일단 목표가 설정되면 결코 시작을 미뤄서는 안 된다.

Worksheet Ⅶ-1 인생목표 설정

1. 나의 삶에서 최고 목표는 ____이다.

2. 나의 10년 후 목표는 ____이다.

3. 나의 5년 후 목표는 ____이다.

4. 나의 올해 목표는 ____이다.

5. 나의 이번 달 목표는 ____이다.

6. 나의 이번 주 목표는 ____이다.

7. 나의 오늘 목표는 ____이다.

3 실행계획 수립

1) 실행계획의 필요성

계획이란 목표를 달성하기 위한 구체적인 일정표, 즉 시간표라고 할 수 있다. 이 시간표에는 언제까지 무엇을 어떻게 할 것인가가 모두 포함되어야 한다. 목표가 명확하다 하더라도 실행계획 수립이 미비하다면 목표 달성이 어렵기 때문이다. 따라서 좋은 실행계획은 목표 달성의 가능성을 높여주고, 개인의 능력과 시간 사용의 효율성을 높여 준다. 또한 실행에 대한 동기유발을 일으킴으로써 성공에 대한 자신감을 갖게 해 준다. 이처럼 진로설계, 목표설정, 그리고 실행계획을 통해 얻게 되는 크고 작은 성공 경험들이 모여 직업적 성공에 이르게 되고, 궁극적으로는 자신이 이루고자 하는 인생목표를 달성할 수 있게 된다.

2) 실행계획 수립

실행계획을 수립할 때 중요한 것은 일의 우선순위를 정하는 것이다. 즉 해야 할 일들의 목록을 적고 일의 중요성에 따라 순위를 정하여 계획적으로 실행하는 습관이 필요하다. 또한 실행 후에는 그 결과에 대해 사후 평가하는 것을 잊지 말아야 한다.

일의 우선순위를 정하라

베들레헴 철강회사의 찰스 슈워브(Charles Schwab) 사장의 이야기이다.

어느 날 그는 경영 컨설턴트인 아이비 리(Ivy Lee)와 이야기를 하다가 이런 문제를 제기했다. "나에게 주어진 시간 안에 더 많이 일할 수 있는 방법을 좀 알려주시오. 그러면 타당한 한도 내에서 얼마든지 상담료를 드리리다."

아이비 리가 빈 종이 한 장을 내밀면서 이렇게 말했다. "자, 사장님 내일 해야 하는 가장 중요한 일들을 적어 보십시오. 그리고 거기에 중요성의 순서를 매기십시오. 내일 아침 출근한 다음에 1번 일을 시작하되 그 일을 끝낼 때까지는 다른 일에 손도 대지 마시고, 일단 1번 일을 다 끝내고 나면 우선순위를 재검토한 다음에 두 번째 일을 시작하십시오. 필요하다면 하루 종일 그 일에만 매달려야 합니다. 그게 가장 중요한 일일 경우에 그렇다는 뜻입니다. 일을 전부 다 하지 못해도 좋습니다. 어차피 다른 방법을 동원해도 일을 다 처리한다는 것은 불가능한 게 현실 아닙니까? 물론 과연 무엇이 제일 중요한가를 결정하는 시스템 같은 것은 있어야 할 겁니다. 어쨌든 매일 그렇게 일하는 습관을 몸에 붙이십시오. 그게 효과가 있을 때에는 경영진한테도 그렇게 하라고 하십시오. 어떻습니까? 마음에 든다면 한번 그렇게 해보십시오. 그리고 사장님이 가치가 있다고 생각하는 만큼 수표를 보내 주십시오."

그로부터 몇 주가 지났다. 그동안 슈워브 사장은 그 아이디어를 실험해 보았고, 효과가 있다는 사실을 발견했다. 그리고 아이비 리에게 수표를 보냈는데 그 액수가 2만 5,000달러였다. 1930년대로서는 엄청난 액수였다. 그것은 슈워브 사장으로서는 그 아이디어가 이제까지 들어본 것 가운데 가장 유익한 것이었다는 사실을 말해주는 것이다. 아울러 슈워브 사장은 아이비 리의 아이디어를 이용, 베들레헴 철강회사를 위한 계획을 만들어냈다. 그리고 직접 그 계획의 실천을 감독했다. 그 계획 덕분에 베들레헴 철강회사는 당대 세계 최고의 철강 생산자가 되었다.

출처 하이럼 스미스(1998). 성공하는 시간관리와 인생관리를 위한 10가지 자연법칙. 김영사.

Worksheet VII-2 일의 우선순위

001

이번 주 해야 할 일을 모두 적어 보자. 적은 내용을 보며 우선순위를 정해 본다.

영역	할 일	실행 가능성 (○, △, X)	우선순위
개인생활			
가정생활			
학교생활			
사회생활			

학습정리

001

행복하고 성공적인 삶을 누리기 위해서는 무엇보다 삶의 목표를 설정하고 실천 가능한 인생의 청사진을 그린 진로설계가 필요하다. 한 번 결정된 진로는 개인의 생활양식을 결정할 뿐 아니라 인생의 모든 측면에 영향을 끼치기 때문에 전 생애적 관점에서 진로설계를 계획해야 한다.

002

진로설계에서 목표설정은 삶의 방향을 결정해 주고 삶에 의미를 부여하며 개인의 행동에 직접적인 영향을 미친다는 점에서 의미 있다.

003

좋은 실행계획은 목표 달성의 가능성을 높여주고, 개인의 능력과 시간 사용의 효율성을 높여 준다. 또한 실행에 대한 동기유발을 일으킴으로써 성공에 대한 자신감을 갖게 해 준다.

종합평가

• 평가 준거

학습내용	평가항목		성취수준		
			우수	보통	미흡
진로설계	지식	진로설계의 필요성 이해			
		목표설정의 중요성 이해			
	수행	실행계획을 수립하는 능력			

• 평가 방법

— 학습자 평가 : 수행평가(시험형)

수행평가지

2016학년도 1학기

과목명	인성과 진로	교수명	
학과		학번	
이름		일자	

• (단답형) 진로설계를 위한 준비에 관한 그림이다. 빈칸에 들어가 내용을 적으시오.

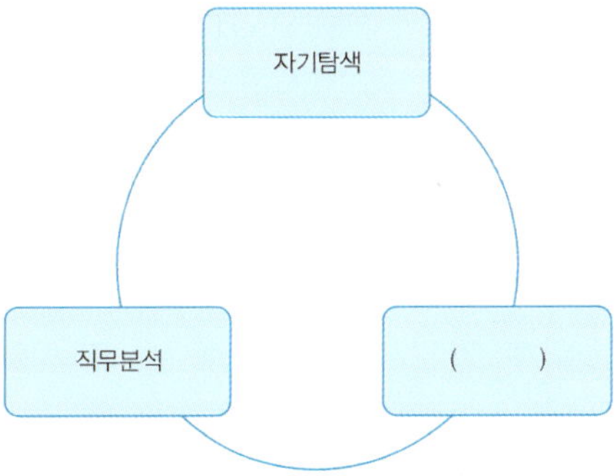

답 : (　　　　　　　　)

• (단답형) 다음은 목표설정에 대한 설명이다. (A), (B)에 들어갈 적절한 용어를 적으시오.

> 목표는 다른 사람의 강요나 요청에 의해서 수립하는 것이 아니라 스스로 자신의 능력을 평가하고 이를 바탕으로 자신에게 맞는 인생의 (A)를 설정하고 그것을 달성할 수 있는 실현가능한 (B)를 세워 계획적으로 실천하는 것이다.

(A) – ________________　(B) – ________________

• (선택형) 목표설정 법칙에 대한 설명으로 옳으면 ○, 틀리면 ×를 하시오.

① 언젠가 부자가 될 거야와 같이 측정가능한 목표를 세워라. (　　)

② 올해 토익 450점을 받겠다는 구체적인 목표를 세워라. (　　)

③ 올해는 금연할 거야와 같이 실현가능한 목표를 세워라. (　　)

④ 매일 한 사람씩 도와주어야겠다는 행동중심적 목표를 세워라. (　　)

— 교수자 평가: 체크리스트

<table>
<tr><th rowspan="2">평가영역</th><th rowspan="2">평가내용</th><th colspan="3">성취 수준</th></tr>
<tr><th>우수</th><th>보통</th><th>미흡</th></tr>
<tr><td rowspan="2">진로설계에 관한 지식</td><td>1. 진로설계의 필요성을 설명할 수 있는가?</td><td></td><td></td><td></td></tr>
<tr><td>2. 진로설계를 위한 무엇을 준비해야 하는지 설명할 수 있는가?</td><td></td><td></td><td></td></tr>
<tr><td rowspan="2">목표설정과 실행계획 능력</td><td>3. 진로설계에 따라 장기목표와 단기목표를 설정할 수 있는가?</td><td></td><td></td><td></td></tr>
<tr><td>4. 구체적인 실행계획을 수립할 수 있는가?</td><td></td><td></td><td></td></tr>
<tr><td colspan="2">계</td><td></td><td></td><td></td></tr>
<tr><td>피드백 방안</td><td colspan="4"></td></tr>
</table>

체크리스트 활용법

- 성취수준은 '문항별 취득점수합계÷문항 수=평균점수'로 하며, 우수(3점), 보통(2점 이상), 미흡(2점 미만)을 의미한다.
- '우수'는 학습자가 해당 항목을 완벽하게 수행해내는 것을 의미한다.
- '보통'은 학습자가 해당 항목을 양호한 상태로 수행해내는 것을 의미한다.
- '미흡'은 학습자가 해당 항목을 제대로 수행해내지 못함을 의미한다.
- 성취수준이 2점 미만일 경우 '학습 저조자'로 판정하여 추후 학습자 개인 또는 교수자 차원에서 무엇을 해야 할 것인지 구체적인 피드백 방안을 제시한다.

학습모듈 VIII

개 요

경력개발은 자신의 진로에 대하여 단계적 목표를 설정하고 목표성취에 필요한 역량을 개발해 나가는 능력이다. 현대사회는 경력개발과 관련하여 많은 변화가 있어 왔다. 자신에 대한 이해와 환경의 변화에 대한 이해를 바탕으로 자신의 경력단계를 확인하고 이에 따른 경력개발 계획을 수립할 수 있어야 한다.

학습목표

1) 일반 목표

자신의 현재 경력단계를 이해하고 이를 바탕으로 미래의 직업인으로서 필요한 경력을 개발하는 능력을 기른다.

경력개발

2) 세부 목표

- 경력개발의 필요성을 설명할 수 있다.
- 경력개발의 여러 방법을 설명할 수 있다.
- 진로목표에 따른 실행계획을 수립할 수 있다.

주요 용어

경력, 경력개발, 학점관리, 어학능력, 자격증, 대외 활동

1 경력개발 이해

1) 경력개발의 필요성

과거에는 한번 직장에 들어가면 특별한 일이 없는 이상 그 직장에서 평생 몸담아 일하다가 정년을 맞는 평생직장이 보편적인 현상이었다. 그러나 오늘날 불안한 고용시장과 늘어나는 비정규직, 줄어드는 정년은 더 이상 우리에게 직업적인 안정성을 보장해 주지 않는다. 또한 직업에 입문한 것으로는 능력을 인정받거나 고용이 계속 유지되기는 어렵기 때문에 변화된 기업환경과 고용구조에서 살아남기 위해서는 경력개발을 통해 지속적으로 자신의 역량을 키워 나감으로써 자신의 경쟁력을 높일 필요가 있다. 따라서 대학 입학초기부터 경력개발을 위해 노력하는 것이 졸업 후 취업문제를 해결하기 위한 매우 중요한 과정이 되고 있다.

경력개발은 경력계획과 경력관리로 이루어진다. 경력계획은 자신과 자신의 환경 상황을 인식하고 분석하여 합당한 경력 관련 목표를 설정하는 과정이며, 경력관리는 경력계획에 따른 준비와 실행과정에 대한 피드백을 의미한다. 이러한 경력개발을 통해 직무적응능력을 배양한다면 졸업 후 직업세계로의 진입이 보다 용이할 수 있다. 따라서 대학에서부터 자신의 진로목표를 설정하고 이를 달성하기 위한 경력계획을 수립하여 미래의 직업적 성공과 만족을 성취할 수 있도록 체계적으로 경력을 개발해 나갈 필요가 있다.

'내 직장'은 없다. '돈 버는 직장'만 있다

직장인 648명을 대상으로 '직장인들의 직업 · 직장에 대한 장래계획'에 대한 설문에 따르면 66.2%가 "현재 하는 일을 평생직장으로 생각하지 않는다."고 답했다.

향후 5년 및 10년 내에 전업할 계획을 세운 이들이 각각 39.9%, 14.0%에 달하며 현재 직업에 대해 아무런 생각이나 계획이 없는 이들도 25%에 이르렀다.

반면 현재 하는 일을 평생직업으로 생각해 경력을 관리하는 이들은 21.1%에 불과해 최근 우리사회에 직장과 직업에 대한 가치관의 변화가 생겼음을 보여줬다.

1996년 외환위기 이전까지는 '입사하면 퇴직 때까지 간다.'는 사실이 개인과 회사 모두가 암묵적으로 동의하는 편이었지만 평생직장이 없어지며 평생직업을 중시하는 이들이 늘고 있는 것이다. 때문에 '직장'이라는 하드웨어가 아닌 '직업'이라는 소프트웨어를 더 중요시하는 분위기가 형성되며 스스로의 경쟁력을 높이는 경력관리가 필수라는 것이 시대의 화두로 자리 잡았다.

출처 뉴스웨이(www.newswey.co.kr). 2015. 1. 5

2) 경력개발의 실제

대학시절부터 남들과 차별화된 경쟁력을 갖추기 위해 경력개발을 위한 다양한 노력들이 시도되고 있다. 최근 등장한 스펙쌓기 열풍, 취업준비를 위한 졸업유예 현상은 대학을 졸업하고 사회에 성공적으로 진출하는 것이 얼마나 어려운 일인지를 보여준다. 따라서 효과적인 경력개발을 위해서는 현재 내가 어느 정도의 능력을 갖추고 있는지, 내가 도전해 볼만한 회사가 요구하는 인재상이 무엇인지를 빨리 파악하여 개인의 상황과 회사의 요구조건 간의 간극을 효과적으로 개선하는 방식으로 경력을 개발할 필요가 있다. 일반적으로 대학시절에 개발할 수 있는 경력에는 다음과 같다.

(1) 학점 관리

'학점은 취업과 직결된다'는 말처럼 학교성적은 취업을 위해 매우 중요한 요소이다. 기업은 학점을 통해 얼마나 성실히 대학생활을 수행했는지를 판단하기 때문이다. 최근 취업을 위한 성적 기준은 점점 높아지는 반면 대학에서는 성적 평가 방식을 절대평가에서 상대평가로 변경함에 따라 학점 관리가 더욱 중요해지고 있다. 취업 준비의 가장 기본은 학점 관리임을 잊지 말고 1학년 때부터 학업에 집중할 필요가 있다.

(2) 어학능력

영어는 이제 특별한 능력이 아니라 취업을 준비하는 사람이라면 누구나 갖추어야 할 기본능력이 되었다. 일반 사기업뿐만 아니라 공무원 모집에서도 영어면접을 실시하는 등 적용분야가 넓어지고 있는 추세이다. 과거에는 영어를 읽고 이해하는 능력이 강조되었으나 현재는 직접 듣고 말하는 회화능력이 강조되고 있다. 따라서 자신의 토익 점수와 영어 말하기 수준 등에 따라 지원할 수 있는 회사가 달라진다는 점을 인식하고 이에 대한 점검이 필요하다. 또한 회사의 해외 진출 나라에 따라 영어 외에도 중국어, 일본어 등 우대하는 제2외국어가 있다는 것을 잘 알고 접근한다면 취업의 기회가 보다 확대될 수 있다. 대학생활 중 어학능력을 향상시키기 위해서는 학교에서 지원하는 외국어특강이나 해외 어학연수, 교환학생 프로그램, 해외봉사활동, 해외 인턴십 등에 참여하는 것이 도움이 된다. 또한 동아리활동이나 스터디 그룹을 구성하여 실력을 쌓는 것도 효과적인 방법이 될 수 있다. 대표적인 어학시험으로는 TOEIC, TOEFL, TEPS, JLPT, HSK 등이 있다.

(3) 자격증

자격증은 직무수행에 필요한 능력을 일정한 기준과 절차에 따라 평가하여 인정한 증명서를 의미한다. 자격증은 직무와 업종에 따라 매우 다양하다. 그러므로 취업하고자 하는 분야에서 필수로 하는 자격증과 우대하는 자격증이 무엇인지 확인하여 취업 전에 취득해야 한다. 이때 공신력 없는 미공인 자격증 취득은 피하고 국가공인기관이나 공신력이 있는 기관 또는 기업에서 발급하는 자격증을 취득해야 취업에 유리하다. 따라서 자신에게 필요한 자격증의 준비사항과 시험 일자를 정확하게 확인하여 대학생활 중에 미리 준비하는 것이 필요하다. 자세한 자격증에 관한 정보는 한국산업인력공단(www.hrdkorea.or.kr)의 홈페이지에서 확인 가능하다.

(4) 대외 활동

대학생활의 중심이 전공 공부에 있지만 학생들의 소질 개발과 인격 형성에 있어서는 대외 활동에서도 배울 것이 많다. 최근 기업에서는 학과생활을 바탕으로 대외적인 활동을 통해 많은 사회적 경험을 해본 지원자를 원하는 경향이 있다. 예를 들어 인턴, 봉사활동, 공모전, 해외연수, 동아리활동, 아르바이트 등이 그것이다. 이때 자신의 진로계획이나 전공과 관련된 다양한 활동을 계획하여 실천한다면 자신의 취업 경쟁력을 높이고 기업에서 요구하는 실무능력을 배양할 수 있는 좋은 기회가 될 것이다.

남들보다 늦으면 어때요…열정은 그들보다 뜨겁답니다

"면접 시 꾸미려고 하지 않고 있는 그대로의 모습을 보여준 게 통한 거죠."

(주)지산엔지니어링 품질관리팀 기사 김지현(31)씨는 누구나 부러워 할만한 대기업인 현대중공업의 1차 하청업체에 다닌다. 그가 다니는 지산엔지니어링은 해양원유생산 모듈업체로 연봉이 4천여만 원에 달한다. 울산의 바닷바람과 사투를 펼치지만 높은 보수로 공대생이라면 한 번쯤 도전하고픈 꿈의 직장으로도 불린다. 하지만 그는 공대생 출신이 아니다. 기계, 전자, 건축 등과는 전혀 상관없는 경찰행정학과를 졸업했다.

03학번으로 대구가톨릭대 경영학과를 수석 입학한 그였지만 경찰 공무원이 되고자 군 제대 후 학교를 자퇴하고 재수의 길을 걸었다. 특히 재수 생활 1년 동안 단 한 번도 언어영역 1등급을 놓치지 않을 정도로 실력도 뛰어났다.

이후 2007년 24살의 나이로 계명대 경찰행정학과에 입학했다. 죽기 살기로 공부했지만 관운(?)이 없었던 탓일까 치는 시험마다 떨어지기 일쑤였다. 이 같은 일은 무려 5년간 지속됐다. 포기하고 싶었지만 할 수 없었다. 29살의 나이에 배운 것이라고 경찰관련 공부뿐인데 엄두가 날 리 없었다.

그러던 중 친·인척들이 아무래도 손으로 무엇을 만드는 직업이 어울린다며 제조업에 도전하기를 권고했다. 현실적으로 불가능했기에 고개를 저으려는 찰나 자신의 취미생활들이 떠오르기 시작했다. 그의 취미는 공구 등을 가지고 무언가 새로운 것을 만드는 것이었다. 김씨는 "돌이켜 보면 손으로 무얼 만드는 걸 좋아했었다"며 "특히 자동차 실·내외 직접 손으로 꾸민다든지 건담 등의 프라모델을 만드는데 시간을 쏟곤 했다"고 말했다.

2012년 가을부터 그는 공업수학을 비롯해 제조업과 관련된 각종 역학 책을 공부했다. 틈틈이 제조업에 다니는 친구들에게 정보를 얻기도 했다. 30세가 되던 2013년 6월, 울산에 있는 작은 플랜트제작업체에서 면접을 보라는 소식이 왔다.

그는 "7~8개월 공부했다고 했지만 전공자들과 비교하면 아무것도 아니기 때문에 마음속에 있는 그대로 대답했다"며 "늦은 나이 시작한 만큼 좀 더 많이 배우고 열심히 일하겠다고 한 게 좋게 받아들여진 것 같다"고 말했다.

그는 2013년 6월 처음 제조업이라는 새로운 업종에 첫발을 내디뎠다. 이후 물 만난 물고기 마냥 제조업에서 두각을 나타내기 시작했다. 입사한 지 1년 4개월 만에 울산에서 가장 크다는 현대중공업의 1차 하청업체에 스카우트 제의를 받고 현재 엔지니어로서 새로운 인생을 살고 있다.

김씨는 “자신이 정말 잘할 수 있는 게 무엇인지 알고 당당하게 도전한다면 좁은 취업문이 조금 넓어지지 않을까 생각한다”며 “또한 한쪽에 너무 연연하지 말고 시야를 조금만 넓힌다면 분명 자신에게 맞는 직장이 있을 것”이라고 했다.

출처 대구일보(www.idaegu.com), 2015. 1. 9 기사

2 경력관리

오늘날은 지식과 정보의 폭박적인 증가로 인해 직업에서 요구되는 능력이 변화됨으로써, 지속적인 능력개발이 필요한 시대가 되었다. 이러한 평생학습사회의 도래는 개인이 현재 가지고 있는 능력보다 체계적인 경력관리를 통해 자기의 능력을 개발하는 것이 더 중요함을 시사한다. 따라서 경력관리는 취업을 준비하는 대학생은 물론이고 취업 후에도 지속적으로 이루어질 필요가 있다. 즉, 취업한 결과를 바탕으로 또 다른 경력목표를 정하고 이를 달성하기 위해 또 다른 전략을 세워 실천함으로써 지속적으로 새로운 경력이동 경로를 만들어 나가야 한다.

그러나 모든 사람들이 지속적으로 경력관리를 하는 것은 아니다. 경력관리가 지속적으로 이루어지지 못하는 사람들의 특성을 살펴보면 더 나아지고 싶은 발전의 욕구가 너무 강하거나 반대로 지나치게 편안함이나 안정감을 추구하기 때문이다. 가령 지나친 완벽주의자들은 매사에 완벽을 추구하기 때문에 경력관리에 있어서도 계획을 세우고 실행하는 과정에 조금이라도 기대에 어긋나는 결과가 나타나게 되면 곧바로 포기하게 된다. 반면 지나친 낙관주의자들은 자신이 저지른 잘못에 대해서 관용을 베푸는 아량을 지니고 있어 잘못이 고쳐지거나 수정되지 않고 반복됨으로 인해 경력관리에 실패하게 된다. 한편 성급한 도전자들은 계획을 세우거나 의사결정을

할 때 상황을 정확하게 분석하고 검토하지 않은 채 우선 먼저 시작해 보자라는 식의 행동으로 실패를 거듭하게 된다. 따라서 경력관리를 위해서는 앞서 살펴본 경력개발 계획에 따라 전략적으로 실천할 때 성공적으로 이루어질 수 있다.

경력관리, 성공한 사람은 이렇게 한다.	경력관리, 실패한 사람은 이렇게 한다.
• 자신의 능력, 적성에 가장 맞는 곳에서 직장생활을 시작한다. • 최소한 3년 이상 간격을 두고 직장을 수직 이동한다. • 새로운 기회에 도전할 준비가 되어 있다. • 외국어나 자격증 등 남다른 특기사항이 있다. • 한 가지 이상의 직장 모임, 동문 모임 등에 정기적으로 참석한다. • 매사에 긍정적인 자세를 갖고 있다. • 건강, 인맥 관리를 규칙적으로 한다.	• 첫 직장부터 적성에 맞지 않는 곳에 입사하거나 회사의 외형적 조건만 보고 입사, 전직한다. • 짧은 시간에 많이 이직하거나 이 분야 저 분야를 기웃거리는 '아이쇼핑형'이 된다. • 구조조정 될 때까지 한 직장에서만 근무한다. • 변화에 둔감하고 자기계발에 무심하다. • 대인관계에서 소극적이거나 이기적인 자세로 대처한다. • 가는 곳마다 회사에 대한 불만을 토로한다. • 인생과 직장에 대한 목표가 불확실하다.

* 출처: 지니의 취업블로그.

기회를 얻는 방법은 그들보다 두 배로 더 노력하는 것이다

2014년 12월 8일 방송된 'SBS 힐링캠프-기쁘지 아니한가'에서는 디자이너에서 배달의 민족 CEO가 된 김봉진이 출연했다. 이날 방송에서 김봉진 대표는 "고졸 지방대 출신에게는 성공의 기회가 더 적다고 하는데 조언을 해달라"는 한 청년의 요청에 "지극히 현실적인 문제다."라며 자신의 생각을 전했다. 김봉진 대표는 "저는 서울 예전을 나왔다. 사회생활을 하기에 좋은 대학은 아니다. 사실 명문대를 다닌 사람들은 고등학교 때 노력을 많이 했다. 개인의 노력을 무시할 순 없다. 사회에 나와서 그들과 동일한 출발점에서 시작한다는 것은 역차별이다."라고 자신의 생각을 밝혔다. 이어 그는 "기회를 얻는 방법은 그들이 노력했던 시간보다 두 배로 많이 노력하는 것이다. 현실에 대한 불만만으로는 극복할 수 없다. 현실을 인정하고 노력해야 한다. 자신의 장점이 무엇인지 알아야 한다. 남을 의식하고 뭔가를 만들게 되면 실수를 범한다. 하지만 자기다움을 찾으면 온전히 나의 경쟁력에 집중하게 되고, 그 순간부터 경쟁자보다 우위를 선점하게 될 것이다."라고 말했다.

Worksheet Ⅷ-1 경력개발 계획 및 관리

001

희망직업과 관련하여 자신이 지금까지 성취한 경력과 앞으로 개발하고 관리해야 할 경력을 작성해 보세요.

희망직업			
학교전공			
구 분	성취한 경력사항	개발해야 할 경력사항	우선순위
학교성적(평점)			
외국어성적			
자격증취득			
공모전/수상경력			
봉사활동			
동아리활동			
아르바이트			
기타(인턴십, 해외연수)			

학습정리

001

경력개발은 자신과 자신의 환경 상황을 인식하고 분석하여 합당한 경력 관련 목표를 설정하는 과정으로써 직무가 변화되는 외부적인 상황의 변화나 개인의 기대나 목표가 변화되는 주관적 인식의 변화에 따라 자신의 경력을 개발할 수 있다.

002

효과적인 경력개발을 위해서는 현재 내가 어느 정도의 능력을 갖추고 있는지, 내가 도전해 볼만한 회사가 요구하는 인재상이 무엇인지를 빨리 파악하여 개인의 상황과 회사의 요구조건 간의 간극을 효과적으로 개선하는 방식으로 경력을 개발할 필요가 있다.

003

지식과 정보의 폭발적인 증가로 새로운 기술개발에 따라 직업에서 요구되는 능력도 변화되고 있으며, 지속적인 능력개발이 필요한 시대가 되었다. 미래의 직업인으로서 환경이나 조직의 변화에 따라 새로운 미션을 수립하고 새로운 경력이동 경로를 지속적으로 만들어 나가야 한다.

종합평가

• 평가 준거

학습내용	평가항목		성취수준		
			우수	보통	미흡
경력개발	지식	경력개발의 필요성 이해			
		경력개발의 영역 이해			
	수행	경력개발 계획 수립 능력			

• 평가 방법

— 학습자 평가 : 수행평가(시험형)

수행평가지

2016학년도 1학기

과목명	인성과 진로	교수명	
학과		학번	
이름		일자	

• (단답형) 다음은 경력개발에 대한 설명이다. (A), (B)에 들어갈 용어를 적으시오.

> 경력개발은 자신과 자신의 환경 상황을 인식하고 분석하여 합당한 경력 관련 목표를 설정하는 과정으로써 (A)과 이를 준비하고 실행하며 피드백 하는 (B)로 이루어진다.

(A) – ____________________ (B) – ____________________

• (서술형) 경력개발이 필요한 이유 3가지를 환경적 차원에서 작성해 보시오.

–
–
–

• (서술형) 대학생이 개발할 수 있는 경력 3가지를 작성해 보시요.

–
–
–

— 교수자 평가: 체크리스트

평가영역	평가내용	성취 수준		
		우수	보통	미흡
경력개발에 관한 지식	1. 경력개발의 필요성을 설명할 수 있는가?			
	2. 경력개발의 다양한 실제를 설명할 수 있는가?			
경력개발 계획 능력	3. 경력관리의 중요성을 설명할 수 있는가?			
	4. 자신에게 적절한 경력개발 계획을 수립할 수 있는가?			
계				
피드백 방안				

체크리스트 활용법

- 성취수준은 '문항별 취득점수합계÷문항 수=평균점수'로 하며, 우수(3점), 보통(2점 이상), 미흡(2점 미만)을 의미한다.
- '우수'는 학습자가 해당 항목을 완벽하게 수행해내는 것을 의미한다.
- '보통'은 학습자가 해당 항목을 양호한 상태로 수행해내는 것을 의미한다.
- '미흡'은 학습자가 해당 항목을 제대로 수행해내지 못함을 의미한다.
- 성취수준이 2점 미만일 경우 '학습 저조자'로 판정하여 추후 학습자 개인 또는 교수자 차원에서 무엇을 해야 할 것인지 구체적인 피드백 방안을 제시한다.

학습모듈 IX

개 요

취업전략은 구체적인 취업목표를 설정하고 희망직업을 명확히 선택하여 관련 기업 또는 목표 기업에서 요구하는 역량이 무엇인지 살펴서 준비하는 것이다. 모두가 선망하는 괜찮은 직장은 한정적이기 때문에 취업전략을 수립하여 대비할 수 있어야 한다.

학습목표

1) 일반 목표

미래의 직업인으로서 취업목표 및 기업에서 요구하는 역량이 무엇인지 분석하여 그에 따른 적합한 취업전략을 수립하고 실행하는 능력을 기른다.

취업전략

2) 세부 목표

- 취업전략의 개념을 설명할 수 있다.
- 대기업과 중소기업의 특성을 설명할 수 있다.
- 목표기업의 정보를 탐색하기 위한 방법을 설명할 수 있다.

주요 용어

취업전략, 대기업, 중소기업, 기업정보, 기업분석

1 취업전략 이해

졸업 후 사회진출을 준비하는 대학생들에게 직업을 선택하는 일은 곧 취업으로 연결된다. 또한 취업의 첫 단추를 어떻게 끼느냐에 따라 인생 설계가 달라질 수 있다. 모두가 선망하는 괜찮은 직장은 한정적이기 때문에 취업을 위해서는 특별한 대비가 필요하다. 더욱이 대기업 절반 이상이 오는 2016년부터 '60세 정년 의무'를 시행하게 되면서 신규채용을 줄일 뜻을 내비치고 있어 취업의 문은 더욱 좁아질 것으로 전망된다. 따라서 취업전략을 통해 구체적인 취업목표를 설정하고 희망직업을 명확히 선택하여 관련 기업 또는 목표 기업에서 요구하는 역량이 무엇인지 살펴서 준비하도록 한다. 자기소개서, 면접 등 단계별로 필요한 것이 무엇인지, 이를 달성하기 위해서는 각 기간별로 어떻게 준비해야 하는지를 리스트로 만들어 정리하여 하나씩 실행해 나간다면 취업목표와 가까워진 자신을 발견할 수 있을 것이다.

취업한파 무너뜨릴 비수기 취업전략

• 자기 진단은 필수(Check yourself)

무슨 일이든 이유가 있다. 명확한 목표 없는 묻지마 지원, 자격조건 미달, 기업분석 실패, 면접 지각 등 하반기 취업 패인을 찾아 대책을 세워야 다음 기회에 성공할 수 있다. 현재 자신의 상태를 다시 한 번 점검해보자. 본인이 하고 싶고 잘할 수 있는 일, 목표 기업, 업종을 명확히 규정하고, 해당 기업 및 업종에서 요구하는 역량을 갖추고 있는지 객관적으로 평가한다. 다음으로 자기소개서, 면접 등 단계별로 필요한 것이 무엇인지, 이를 달성하기 위해서는 각 기간별로 어떻게 준비해야 하는지를 리스트로 만들어 정리한다면, 놓치는 일 없이 달성할 수 있다. 우선순위를 정해 리스트에 적은 일들을 하나씩 실행하다 보면, 취업 목표와 가까워진 자신을 발견할 수 있을 것이다.

• 수시 채용 노리기 (Occasional Recruitment)

채용 비수기에는 공채보다 필요시마다 수시 채용으로 인력을 충원하는 경우가 많다. 이를 놓치지 않으려면 목표 기업에 항상 관심을 갖고 준비하면서, 공고가 뜨면 바로 지원하는 것이 중요하다. 수시 채용은 원하는 인재를 뽑으면 바로 공고가 내려가기 때문에 잠깐 한눈 판 사이에 기회를 놓칠 수도 있다. 사람인이 제공하는 '공채알림마루'를 이용하면 원하는 기업이 채용을 시작할 경우 메일, SMS 등으로 바로 알 수 있다. 또, 취업사이트 인재 검색을 통해 이력서를 열람하고 면접을 요청하는 기업도 많은 만큼 온라인 이력서를 수시로 업데이트하자. 이와 함께 주변에 자신이 구직 중임을 널리 알린다면 사내추천제 등의 기회도 잡을 수 있다.

• 인문학 역량 키우기 (Liberal arts)

올해 채용 트렌드로 빠지지 않는 것이 바로 인문학적 소양을 중요하게 평가한다는 점이다. 실제로 현대자동차그룹은 하반기 인적성검사에서 '몽골과 로마제국의 성장 과정과 이를 통해 현대차가 얻을 수 있는 시사점'을 서술하라는 에세이 문제를 냈고, 삼성그룹은 상식 영역에 인문학적 지식 문항을 확대했으며, LG그룹도 한국사 문항 10문제를 추가했다. 하지만, 이런 인문학적 소양은 단기간에 쌓을 수 있는 것이 아닌 만큼, 중장기적인 계획을 갖고 꾸준히 준비하는 자세가 요구된다. 평소 관련 서적을 읽거나 강연을 들으며 자신의 생각을 정리하고, 토론 스터디 등을 통해 이해를 심화시키는 것 등이 도움이 된다.

• 즐겁게 지내기 (Delight)

많은 구직자가 구직 스트레스, 우울증으로 힘들어하고 있다. 하지만 채용이 많지 않다고, 앞날이 막막하다고 우울해 하는 것은 오히려 취업 의욕을 떨어트리는 것은 물론 질병 등을 야기시켜 취업 준비의 방해요인으로 작용하기도 한다. 이럴 때일수록 긍정적인 마음을 가지고 현재에 충실하게 생활하는 것이 중요하다. 책상 앞에만 앉아 있지 말고 함께 구직활동을 하는 친구를 만나 위안을 받거나, 취업한 선배에게 조언을 얻는 등의 방식으로 에너지를 충전하자. 단, 이 역시 취업 준비에 방해되지 않는 선에서 계획적으로 조절해야 한다.

출처 교육산업신문(www.edutecnews.net), 2014. 12. 23.

2 대기업과 중소기업

기업은 영리를 목적으로 재화 또는 용역을 생산, 판매하는 생산경제의 단위체이다. 기업은 목적에 따라 개인의 영리를 목적으로 운영하는 사기업과 국가와 공공단체의 목적을 위하여 운영하는 공기업으로 구분되는데 우리나라의 경우에는 주식회사 형태의 사기업이 일반적이다. 한편 기업의 규모에 따라서도 대기업과 중소기업으로 구분할 수 있다.

대기업이란 대규모의 생산자본과 판매조직을 갖추고 있어서 경제뿐만 아니라 한 나라의 사회, 문화, 정치에 막대한 영향력을 가지고 있는 기업이다. 통상적으로 상위 30대 기업을 지칭하는데, 공정거래위원회가 지정하는 재산이 1위에서 30위에 해당되는 기업을 말한다. 대기업은 조직의 규모가 큰 만큼 복지혜택과 다양한 자기계발을 할 수 있는 장점이 있어 모든 사람들이 선호한다. 하지만 조직의 규모가 큰 것은 더욱 많은 경쟁을 거쳐야 한다는 것을 의미하기도 한다.

중소기업은 대기업에 비해 종업원 수, 자본금, 총자산, 자기자본, 매출액 등에서 규모가 상대적으로 작은 기업을 말한다. 제품을 생산하는 산업의 경우는 근로자가 300인 미만, 건물을 짓는 건설업의 경우도 300인 미만, 서비스업의 경우 상시 근로자가 100명 미만인 기업을 중소기업이라고 한다. 중소기업은 끊임없이 고용을 창출하여 우리나라 산업을 안정시키고 국민경제의 지속성장을 견인하며 새로운 활력을 주고 있다.

그러므로 대기업에 취업을 하는 것이 무조건 좋은 것만은 아니다. 상황에 따라 중소기업에서 일하는 경험이 토익 성적을 조금 올리는 것과 자격증 한두 개 더 따는 것보다 더 큰 가치를 지닌다. 따라서 취업전략을 수립할 때 대기업과 중소기업의 장단점을 잘 분석하여 자신에게 적합한 기업을 선택하도록 한다.

Worksheet IX-1 대기업과 중소기업 비교

001
대기업의 장점과 단점을 적어 보자.

장점	단점

002
중소기업의 장점과 단점을 적어 보자.

장점	단점

003
자신의 희망하는 기업의 규모와 그 이유를 적어 보자.

기업 규모	
선택 이유	

3 목표기업 정보탐색

취업은 미래 인재상을 예상하고 본인의 능력과 적성을 인지할 때 그 실현 가능성이 높아질 수 있다. 따라서 성공적인 취업을 위해서는 자신이 원하는 목표 기업을 선정하고 그 기업의 인재 채용형태, 인재에게 요구되는 사항 등을 미리 파악하여 전략적으로 접근할 필요가 있다. 취업을 위한 다양한 방법이 있겠지만 목표 기업의 온·오프라인 정보를 분석하는 것이 도움이 된다.

1) 온라인을 통한 기업분석

지피지기(知彼知己)면 백전불태(百戰不殆)다. 적을 알고 나를 알면 백 번을 싸워도 위태롭지 않듯이 채용에 대한 결정권을 가지고 있는 기업에 대한 정보를 분석하고 거기에 맞게 나를 준비하는 것은 취업을 하려는 사람이 갖추어야 할 가장 기본적인 자세이다. 이런 점에서 기업의 홈페이지 분석과 기업의 뉴스 및 홍보물은 해당 기업에 대한 좋은 정보를 제공해 준다. 특히 기업의 홈페이지에는 기업의 비전, 인재상, CEO의 인사말, 사업 영역, 그리고 채용 전형에 이르기까지 기업의 전반에 대한 소중한 자료들이 담겨 있다. 적어도 자신이 지원하는 기업이 있다면 홈페이지를 반드시 방문해 보길 권한다. 최근에는 각 기업마다 페이스북과 같은 SNS 페이지를 전문으로 운영하는 경우가 많다. 이런 SNS 페이지에서는 기업의 홈페이지에서는 볼 수 없는 또 다른 모습을 볼 수 있기 때문에 사전에 점검해 두면 유용할 수 있다. 기업 홈페이지 외에도 정부기관 및 민간사이트에서도 기업에 대한 많은 정보를 제공하고 있다.

| 기업정보 제공 사이트 |

- 벤처기업(www.venturein.or.kr)
- 중소기업청(www.smba.go.kr)
- 금융감독원 전자공시시스템(dart.fss.or.kr)
- 오프보드(www.offboard.co.kr)
- 대한상공회의소(www.korcham.net)

2) 오프라인을 통한 기업분석

가장 효과적인 방법은 기업의 인사담당자 또는 재직자에게 이메일이나 전화문의, 직접 만남을 통해 정보를 얻는 방법이다. 인사담당자의 경우 많이 바쁜 것이 사실이지만 이들은 항상 유능한 인재를 찾고 있는 사람들이기 때문에 예의만 갖추어 문의한다면 유용한 정보를 얻을 수 있다. 특히 취업박람회는 개인이 기업에 대해 알아낼 수 있는 것 이상으로 많은 정보를 얻을 수 있는 공간이니 꼭 들러볼 필요가 있다. 한편 자신이 속한 학과의 교수님 또는 선배 등을 통해 해당 기업에 근무하는 재직자를 만나 자신의 궁금증을 묻는다면 가장 쉽게 취업에 대한 문제를 해결할 수 있을 것이다.

| 취업박람회(상반기 3~4월, 하반기 10~11월 실시) |

- KB 굿잡 취업박람회(www.kbgoodjob.co.kr)
- 코스닥 상장기업 박람회(www.kosdaqjobfair.co.kr)
- 청년 취업박람회
- 희망 취업박람회
- 청년 강소기업 취업박람회

취업 성공하려면 3대 인재에 주목

많은 전문가는 2015년에도 취업 시장이 그리 밝지만은 않으리라 전망하고 있다. 그럼에도 불구하고 기업이 원하는 인재상을 파악하고 지원하는 직무에 걸맞은 준비된 사람임을 적극적으로 어필한다면 반드시 좋은 성과를 얻을 수 있을 것이다. 이에 취업포털 커리어는 기업이 주목하는 '3대 인재'를 선정하여 2015년 취업 시장을 전망해 보았다.

• 창의 인재(Creative talented)

2015년에도 스펙초월 전형을 통한 채용은 계속될 전망이다. 기업들은 경쟁력을 갖춘 우수한 창의 인재 확보를 위해 채용 전형의 변화를 꾀하고 있다. 자기소개서와 인적성검사를 통해 인문학적 소양은 물론 직무 역량을 미리 테스트하고, 모든 것을 다 잘하는 인재보다는 특정 직무 관련 역량이 뛰어난 인재 선발을 목적으로 한다. 이는 결코 하루아침에 얻어지는 것이 아니므로 구직자들은 더이상 학교, 성별, 나이, 학점, 어학점수와 같은 서류상의 스펙이 아닌 전공과 직무 관련 경험을 쌓도록 부단히 노력해야 한다. 이에 취업포털 커리어 강석린 대표는 "구직자들이 전공 과목에 대한 충분한 지식을 쌓는 것은 물론 실제 자신이 지원하는 직무에 대해 그 어떤 것이라도 미리 경험해보는 것이 중요하다. 이러한 경험에서 비롯된 자신만의 진실된 스토리가 담긴 자기소개서를 만드는데 집중해야 한다"고 강조했다.

• 글로벌 인재(Global talented)

최근 현대기아차, SK그룹 등 국내 대기업들이 해외 현지화 공장 설립 및 해외 시장 진출을 더욱 확대하면서 글로벌 핵심 인재 육성에 적극적인 움직임을 보이고 있다. 따라서 구직자들은 어학점수가 아닌 실질적으로 업무에 투입 가능한 외국어 회화 실력을 기본적으로 갖춰야 한다. 이와 함께 글로벌 인재에게는 두 가지 능력이 더 요구된다. 바로 '소통'과 '협력'이다. 국제적인 감각을 키우기 위해 세계 각국의 관습이나 문화적인 차이를 직간접적으로 경험하고 습득하려는 능동적인 모습은 필수다. 기업은 젊은 세대의 패기와 도전 정신을 바탕으로 글로벌 경영 마인드와 역량을 가진 인재를 찾고자 한다. 국내 산업의 해외 시장의 규모는 점차 커질 것이며 직원들의 글로벌 역량 강화를 위한 프로그램 마련에도 심혈을 기울일 것으로 보인다.

• 지역 인재(Local talented)

지역발전 거점 역할을 할 세종시와 10개 혁신도시가 모습을 드러내면서 36개 중앙행정기관의 이전이 지난해 12월, 드디어 마무리되었다. 이에 지역 불균형을 타파하기 위한 노력은 공공기관이 적극적으로 지역 인재 채용과 전문인력 양성에 발 벗고 나서면서 더욱 가시화 될 것으로 보인다. 지난해 12월 초에 울산혁신도시로 이전한 한국석유공사는 이전 공공기관 중 가장 큰 규모답게 울산에서만 200여 명의 직원을 채용했으며, 나주에 '푸드체인'을 조성하기 위한 목적으로 이전된 한국농수산식품유통공사는 2013년 신규 직원 30명 가운데 40%를, 2014년에는 신입 직원 40명 중 30% 이상을 지역인재 할당량으로 정하고 광주전남 지역 출신으로 채용했다. 전문가들은 이러한 공공기관의 움직임은 공공기관에 대한 젊은 층의 인식을 크게 변화시키고 지역 인재 양성과 지역 균형발전을 위한 좋은 기회가 될 것이라며 2015년도 채용 시장에 대한 긍정적인 영향을 가져올 것으로 전망했다.

출처 스포츠조선(www.sportschosun.com). 2015. 1. 8.

Worksheet IX-2 기업분석표 작성

001
취업을 희망하는 목표 기업의 정보를 수집하여 분석해 보자.

목표기업		
기업비전		
CEO 인사말 핵심내용		
인재상		
주요연혁		
소재지		
사업규모	종업원 수	
	매출액	
사업영역	영역	
	주요브랜드	
	주요제품	
인사제도	채용절차	
	복리후생	
기타 (최근 뉴스)		

학습정리

001

취업전략은 구체적인 취업목표를 설정하고 희망직업을 명확히 선택하여 관련 기업 또는 목표 기업에서 요구하는 역량이 무엇인지 살펴 체계적으로 준비하는 것을 의미한다.

002

대기업이란 대규모의 생산자본과 판매조직을 갖추고 있어서 경제뿐만 아니라 한 나라의 사회, 문화, 정치에 막대한 영향력을 가지고 있는 기업이다. 반면 중소기업은 대기업에 비해 종업원 수, 자본금, 총자산, 자기자본, 매출액 등에서 규모가 상대적으로 작은 기업을 말한다.

003

취업은 미래 인재상을 예상하고 본인의 능력과 적성을 인지할 때 그 실현가능성이 높아질 수 있다. 성공적인 취업을 위해서는 자신이 원하는 목표 기업을 선정하고 그 기업의 인재 채용형태, 인재에게 요구되는 사항 등을 미리 파악하여 전략적으로 접근할 필요가 있다.

종합평가

• 평가 준거

학습내용	평가항목		성취수준		
			우수	보통	미흡
취업전략	지식	취업전략의 개념 이해			
		대기업과 중소기업 특성 이해			
	수행	목표기업의 정보 탐색 능력			

• 평가 방법

— 학습자 평가 : 수행평가(시험형)

수행평가지

2016학년도 1학기

과목명	인성과 진로	교수명	
학과		학번	
이름		일자	

• (서술형) 취업전략의 개념을 서술하시오.

• (단답형) 다음은 기업에 대한 설명이다. 빈칸에 들어갈 용어를 적어보시오.

(A)은 대규모의 생산자본과 판매조직을 갖추고 있어서 경제뿐만 아니라 한 나라의 사회, 문화, 정치에 막대한 영향력을 가지고 있는 기업이다. 반면 (B)은 종업원 수, 자본금, 총자산, 자기자본, 매출액 등에서 규모가 상대적으로 작은 기업을 말한다.

(A) – ____________ (B) – ____________

• (서술형) 온라인을 통해 분석해야 하는 기업정보 3가지를 작성해 보시오.

–
–
–

— 교수자 평가: 체크리스트

평가영역	평가내용	성취 수준		
		우수	보통	미흡
취업전략에 관한 지식	1. 취업전략의 개념을 설명할 수 있는가?			
	2. 대기업과 중소기업의 특성을 설명할 수 있는가?			
목표기업 정보탐색 능력	3. 자신에게 적합한 목표기업을 선정할 수 있는가?			
	4. 온·오프라인을 통해 목표기업의 정보를 탐색하고 분석할 수 있는가?			
계				
피드백 방안				

체크리스트 활용법

- 성취수준은 '문항별 취득점수합계÷문항 수=평균점수'로 하며, 우수(3점), 보통(2점 이상), 미흡(2점 미만)을 의미한다.
- '우수'는 학습자가 해당 항목을 완벽하게 수행해내는 것을 의미한다.
- '보통'은 학습자가 해당 항목을 양호한 상태로 수행해내는 것을 의미한다.
- '미흡'은 학습자가 해당 항목을 제대로 수행해내지 못함을 의미한다.
- 성취수준이 2점 미만일 경우 '학습 저조자'로 판정하여 추후 학습자 개인 또는 교수자 차원에서 무엇을 해야 할 것인지 구체적인 피드백 방안을 제시한다.

학습모듈 X

개 요

취업준비는 자신의 취업준비 상태를 점검해 보고 취업준비 시 고려해야 할 사항을 살펴보는 것을 말한다. 취업준비를 위해 가장 중요한 서류인 이력서와 자기소개서, 그리고 면접에 대해 알아보고 자신에게 적합한 취업준비를 할 수 있도록 한다.

학습목표

1) 일반 목표

취업준비 시 고려할 점에 대해 살펴보고 이력서와 자기소개서를 작성하는 방법을 익히고 면접 능력을 기른다.

취업준비

2) 세부 목표

- 이력서 구성요소와 작성방법을 설명할 수 있다.
- 자기소개서 구성요소와 작성방법을 설명할 수 있다.
- 면접을 위한 준비와 절차를 설명할 수 있다.

주요 용어

이력서, 자기소개서, 면접자세, 면접복장

1 이력서 작성

이력서는 기업의 인사담당자에게 자신을 보여주는 최초의 서류이다. 이력서를 작성할 때는 자신이 지원한 분야에 적절한 인재라는 것을 충분히 부각하면서 본인의 열정과 그동안 쌓아온 모든 것들을 담아낼 수 있어야 한다.

1) 이력서 작성 방법

대부분의 기업에서는 온라인으로 이력서를 받고 있어 해당 양식에 맞추어 작성하면 되고, 특별한 양식이 없는 중소기업에 지원하는 경우에는 자유형태의 이력서 양식을 만들어 작성하면 된다. 자유형 이력서는 기본사항을 지켜가면서 자신의 개성과 장점을 최대한 살릴 수 있다는 점에서 규격양식보다 유리할 수 있다.

|표 10-1| 이력서 구성항목별 작성방법

구성항목	작성방법
인적사항	• 성명, 생년월일, 주소, 전화번호, 휴대전화번호, 이메일 • 사진 : 최근 3개월 사진, 단정하고 밝은 인상의 사진 • 호주와의 관계 : 장남(長男), 장녀(長女), 차남(次男), 차녀(次女), 독남(獨男), 본인(本人)
학력사항	• 고등학교부터 최종학력까지 기재 • 입학년월일, 졸업년월일 정확히 기재 • 전공/부전공, 전학년 평점 기재
병역사항	• 남자의 경우 군복무 사항 함께 기재 • 군면제의 경우 면제사유 기재
경력사항	• 자신이 지원분야에 적합한 경력 위주로 기재 • 지원분야 경력이 없을 경우 직무와 관련된 경력 기재
자격증사항	• 전공 또는 지원 분야 관련 자격증 • 컴퓨터 관련 자격증
교내외 활동사항	• 봉사활동, 해외연수, 교육훈련 등 • 주관기관, 기간, 시간, 활동내용 등을 구체적으로 기재
기타사항	• 수상경력, 장학금 등
서명	• 서명란에 사인이나 막도장보다는 동그란 인감도장으로 바르게 찍는 것이 좋음

2) 이력서 작성 포인트

(1) 간단명료하되 구체적으로 작성

출신학교나 학과, 자격증뿐만 아니라 수상경력, 대내외적 활동 등 자신의 능력이나 장점을 최대한 돋보이게 할 수 있는 사항들을 관련서류와 대조하면서 일목요연하게 정리한다. 이력서의 일자가 틀린 경우에는 지원자 자체의 신뢰에도 문제가 생길 수 있으므로 정확하게 기술하는 것이 좋다.

(2) 과장 없이 솔직하게 기술

허위사실이나 과장된 내용을 기입해서는 안 된다. 면접 때나 입사 후라도 허위사실이 드러날 경우에는 입사가 취소될 수 있으며 나중에는 다른 기업의 입사에도 영향을 주어 취업이 어려울 수 있다. 그러므로 있는 그대로 솔직하게 작성한다.

(3) 오타가 없도록 깔끔하게 작성

이력서는 컬러레이저 프린트로 인쇄하는 것이 깔끔한 인상을 준다. 작성할 때 오자나 탈자가 없도록 하고, 틀린 글자가 있을 때는 고쳐 쓰기보다는 새로운 종이에 다시 쓰는 것이 좋다. 그리고 지원분야의 잘 작성된 샘플 이력서나 참고자료는 버리지 말고 파일을 잘 보관해 두었다가 다음에 필요할 때 보고 쓰면 시간을 많이 절약할 수 있다.

평범한 이력서 대신 '맥주4병'으로 취업성공

그저 그런 평범한 이력으로는 이력서로 평가되는 서류심사에서조차 탈락할 가능성이 높은 게 현실이다. 캐나다의 한 남성은 '위기를 기회삼아' 독특한 이력서로 취업에 성공해 화제를 모았다.

미국 허핑턴포스트 등 해외 언론의 27일자 보도에 따르면 브레넌 글리슨(22)이라는 남성은 대학에서 그래픽 디자인을 공부한 뒤 취업을 위해 고민하다 일명 '맥주 이력서'(Résum-ale)를 고안해냈다. 그는 "대학에 입학한 뒤 맥주에 푹 빠지게 됐다. 룸메이트와 직접 맥주를 만드는 방법을 고안해봤을 정도"라면서 "대학교 마지막 학기 때 취업을 하기로 결정했고, 좋아하는 것을 이용해 나 자신을 광고하는 방법을 생각해냈다"고 설명했다.

글리슨의 방법은 맥주병을 이용한 것이다. 그는 자신의 취미를 살려 7주에 걸쳐 하우스 맥주를 만들고, 맥주병 4병이 들어가는 사각 포장상자와 맥주병에 붙은 라벨에 자신의 이력을 적은 종이를 감쌌다. 이 종이에는 QR코드까지 인쇄돼 있어 이를 받아 본 심사원들이 더 자세한 정보를 모바일로 확인할 수 있도록 도왔다. 마치 진짜 맥주 라벨인 것처럼 정교하게 만드는 것이 과제였다. 이 모든 것을 만드는 데에는 무려 3주의 시간이 걸렸다. 단 몇 시간이면 뚝딱 쓰는 평범한 이력서와는 차원이 달랐다. 그는 이 '맥주 이력서'를 자신이 원하는 디자인 회사 몇 곳에 보냈고, 결국 자신이 원하는 회사에 입사하는 데 성공했다.

글리슨은 "어떤 회사들은 술병으로 만든 이런 이력서를 선호하지 않을 수도 있다"면서 "하지만 디자이너로서 항상 뛰어난 창의력을 선보이기 위해 노력해야 한다고 생각한다"고 덧붙였다.

출처 서울신문(www.seoul.co.kr). 2014. 6. 27.

Worksheet X-1 이력서 작성

성 명	한 글 :	생년월일		사 진 (3×4cm)
	한 문 :	전화번호	(자 택)	
E-mail			(휴대폰)	
주 소				

병 역	필·미필·면제·기타	종 교		취 미	

가족사항	관 계	성 명	생년월일	학 력	직 업	비 고

학력	기 간	학교명 및 학과	비 고
	~	고등학교	
	~	대학교 학과	
	~	대학교 학과	

경력사항	기 간	기관	활동내용	직 급
	~			
	~			
	~			
	~			

소지자격	자 격 명	발급년월일	발 급 기 관	비 고

년 월 일

작 성 자 (서명)

2 자기소개서 작성

대부분의 기업이 서류전형 시 자기소개서 제출을 요구하고 있다. 자기소개서는 주로 성장과정이나 학창생활, 성격의 장·단점, 지원 동기, 장래 계획 등의 항목으로 구성되어 있다. 개인을 더욱 구체적이고 실질적으로 평가하기 위해서다.

1) 자기소개서 작성 방법

인사담당자들은 자기소개서를 통해 지원자의 살아온 환경과 성격, 인생관, 글솜씨, 표현능력 등을 파악할 수 있으므로 자기소개서를 면접의 기본 자료로 활용한다. 그러나 인사담당자들이 서류 하나를 보는 시간은 1~3분 남짓이다. 따라서 지원자는 어떻게 하면 인사담당자를 단번에 이해시킬 수 있을지를 고민하면서 자기소개서를 작성해야 한다. 특히 어떠한 동기로 입사를 희망하게 되었고, 어떤 업무를 맡고 싶은지, 그리고 어떤 자세로 업무에 임할 것인지가 명확하게 드러날 수 있도록 간결한 문장으로 표현하도록 한다.

기업 인사담당자가 뽑은 호감형 문장	기업 인사담당자가 뽑은 비호감형 문장
1위 (이 회사, 직무)에 지원하기 위해 ~준비를 했습니다. 2위 책임감을 갖고 있기 때문에 3위 ~했지만 ~을 통해 극복했습니다. 4위 항상 웃음을 잃지 않고 긍정적으로~ 5위 몇 년 후 ~분야에서 전문가가 되고 싶습니다.	1위 엄격하신 아버지와 자상한 어머니 사이에서 태어나~ 2위 뽑아만 주신다면 무슨 일이든 하겠습니다. 3위 '귀사'라는 단어가 반복되는 문장 4위 솔직히 말씀 드리면~ 5위 '저는', '나는'으로 시작되는 문장 반복

(1) 성장과정

성장과정은 자신의 인성이 어떻게 형성되었는가를 설명하는 항목이다. 성장과정을 작성할 때는 '저는 몇 남 몇 녀의 몇째로 태어나서'라는 문구의 상투적인 시작을 피해야 한다. 천편일률적으로 누구나 사용하는 문구로는 인사담당자의 주목을 끌어내기 어렵다. 대신 유년시절의 관심사, 고향과 가족관계에 얽힌 에피소드를 중심으로 자신의 인성을 표현하는 것이 좋다. 또한 가족에 대한 이야기나 어려운 상황을 극복한 사례를 제시함으로써 긍정적인 이미지와 장점을 부각시킬 수 있다.

(2) 성격의 장단점

성격의 장단점은 거의 대부분의 회사에서 자기소개서에 기재할 내용으로 채택하고 있다. '성실한, 책임감이 강한, 사교성이 좋은'과 같은 막연하고 추상적인 표현보다는 사례와 함께 구체적으로 작성하도록 한다. 이때 장점과 단점을 분리해서 적되 단점의 경우 보완적인 측면에서 제시한다. 즉 단점이지만 극복하려는 노력을 통해 많이 개선되었으며 여전히 더 노력할 여지가 있다는 것을 부각하도록 한다.

(3) 학창시절 및 경력사항

학창시절과 경력사항에서 다뤄야 할 중요한 내용은 대학생활에서의 활동과 관련분야를 위한 경험이다. 관심분야나 활동분야는 졸업 후 직업과 연결되는 경우가 많으므로 구체적이고 심도 있게 다루어 주어야 한다. 대학생활은 관심 있는 분야에 쏟았던 열정 등을 패기 있게 표현하여 학창시절을 얼마나 노력하면서 알차게 보냈는지를 최대한 잘 부각한다. 한편 경력사항은 지원분야와의 연관성에 초점을 두고 에피소드와 함께 구체적으로 서술하는 것이 필요하다. 단, 모든 것을 빠짐없이 보여주려고 하기보다는 지원분야나 부서에 왜 적합한지를 알려주는 핵심을 간략하게 작성하는 것이 좋다.

(4) 지원동기

지원동기는 자기소개서의 가장 중요한 항목이다. 지원자가 그동안 지원회사에 입사하기 위해 했던 노력들, 지원 회사의 인재상에 부합하는 자신의 성격이나 태도, 회사의 우수성과 발전성 등 자신이 그동안 어떤 준비를 해 왔는지를 명확하게 전달하면서 신뢰감을 줄 수 있도록 기술해야 한다. 이는 오랫동안 입사를 희망하는 회사를 집중해서 조사하고 분석해야 잘 쓸 수 있는 부분이다. 특히 그동안 준비했던 내용을 에피소드를 중심으로 기술하는 것이 바람직하다.

(5) 입사 후 포부

입사 후 포부는 회사에 대한 관심과 열정이 나타나 있고 회사에 어떻게 기여할 것인가에 대해 구체적으로 표현하는 것이 중요하다. 즉 자신의 비전을 지원 회사의 비전과 연관시켜 작성하는 것이 바람직하다. 특히 열심히 하겠다는 막연한 충성심보다는 입사 후 성취하고 싶은 목표와 자기개발을 위한 구체적인 계획이나 각오를 제시함으로써 지원 회사의 구성원이 되고자 하는 의지를 표현한다면 설득력 있는 내용이 될 것이다.

| 자기소개서 작성 TIP |

- 회사에서 정해 준 자기소개서 항목이 있으면 항목에 따라 해당되는 내용을 기입해야 한다.
- 자기소개서의 내용은 회사에서 정해준 글자 수의 80% 이상 100% 미만으로 작성하는 것이 좋다.
- 자기소개서의 내용은 항상 결론부터 쓰는 두괄식으로 작성하면서 내용을 증명할 수 있는 재미있는 에피소드를 작성해 주는 것이 좋다.

2) 나만의 자기소개서 작성 방법

캠퍼스 잡앤조이(2013)는 자기소개서를 준비하는 취업준비생에게 인사담당자의 눈길을 사로잡는 '나만의 스토리텔링'을 담은 자기소개서를 작성하는 3가지 방법에 대해 소개하였다.

(1) 자신의 브랜드 가치를 정하라

본격적인 자기소개서 작성에 앞서 상대방 기업이 매력을 느낄 만한 나만의 매력 요소를 찾아내야 한다. 먼저 학교를 하나의 시장으로 가정하고 자신이 갖고 있는 장점과 특성, 수많은 경험을 나열해 정리해 보자. 사소한 경험이라도 그 경험을 통해 무언가를 배웠다면 그것이 바로 매력적인 브랜드가 될 수 있다. 그 다음으로 각 장점과 경험들을 헤드라인 형태로 구체화해 보자. 헤드라인을 만들 때는 그것이 왜 자신의 브랜드가 되는지에 대한 이유가 분명하게 드러나도록 해야 한다.

(2) 셀프 셀링(self selling) 기법으로 구체화하라

나의 브랜드를 추출하고 가치를 측정해봤다면 이제는 그것을 구체화하도록 한다. 즉 자신이 측정한 브랜드 가치에 따라 '셀프 셀링'을 하는 것이다. 여기서 중요한 것은 '70%의 진실을 포장하는 30%'다. 무조건 있는 그대로, 정직하게 풀어놓는다고 해서 좋은 자기소개서가 되는 것은 아니다. 객관적 사실을 바탕으로 하되 그것을 흥미로운 이야기로 재구성하는 작업이 필요하다.

(3) 여섯 개의 물음표로 접근하라

셀프 셀링 과정을 통해 자신을 객관적으로 바라보는 뼈대 구성을 마쳤다면, 이제는 이를 바탕으로 본격적인 스토리텔링을 시작해야 한다. 그러나 객관적인 사실의 나열과 정리는 그럭저럭 어렵지 않지만, 선별한 가치들을 스토리로 엮어내는 것은 쉽지 않은 일이다. 이럴 때는 육하원칙에 따라 차근차근 스토리를 만들어 가다보면 자기소개서의 주인공은 온전히 나 하나로 만들어질 것이다. 즉 나는 어떤 과거를 거쳐 어떤 사람으로 성장했는지, 그리고 미래에는 어떻게 발전해나갈 것인지를 자연스럽게 드러내는 것이 중요하다. 이렇게 작성된 자기소개서는 나만의 스토리가 듬뿍 담긴 매력적인 무기가 될 것이다.

앙드레 최를 꿈꾸는 사람

1. 성장과정

"엄마, 이 작은 천 써도 돼요?" 초등학교 때부터 학교에 다녀와서 옷 수선을 하시는 어머님의 가게에서 인형에 옷을 만들어 입히면서 놀았습니다. 인형에 옷을 입히고는 퇴근하는 아버지를 마중 나가곤 했습니다. 아버지는 자영업에 종사하셨는 데 저를 보면 항상 함박웃음으로 맞아주셨습니다. 저의 가족은 명절 때마다 가족회의를 통해 서로의 의견을 주고받고 진로를 이야기하는 시간을 가졌습니다. 생활이 넉넉하지는 않았지만 시간이 나면 가까운 곳으로 소풍을 가서 즐거운 시간을 보냈습니다.

2. 학창시절과 비전

저는 고등학교에 진학하면서부터 본격적으로 의상디자인에 관심을 갖게 되었습니다. 의식주라는 말에서 보듯이 사람들에게 있어서 의복은 살아가는데 매우 중요한 위치를 차지한다고 생각합니다. 그래서 대학에서 의류학을 전공했고, 앞으로 일생을 바쳐 앙드레 김과 같은 세계적인 패션디자이너로 우뚝 서고 싶은 꿈을 가지고 있습니다.

대학에 다니면서 충실한 이론공부와 함께 방학 때에는 틈틈이 국가자격증 시험을 준비하였고, 학원에서 실무적인 경험도 함께 배웠습니다. 대학교 4학년 때 의상발표회를 앞두고 며칠 밤을 꼬박 세면서 마무리 손질을 하던 순간이 가장 행복했고 아직도 기억에 남아 있습니다. 대학교 2학년 때에는 아르바이트를 통해 300만 원의 여행경비를 모아 미국과 중국으로 배낭여행을 다녀왔습니다. 세계를 움직이는 대국들을 돌아보며 언젠가 이곳에서도 인정받는 디자이너가 되겠다는 다짐을 했습니다.

저의 직업흥미는 홀랜드 분류상 SA형(사회·예술형)으로 사람과의 관계와 예술적인 적성을 모두 갖고 있어 전공과 조화를 이루고 있습니다.

대학생활은 복학 후에는 성적우수 장학금을 세 차례 받는 등 나름대로 학업에 열중했고, 현재는 4학년 졸업반으로 전공공부 및 영어와 중국어를 공부하며 취업을 준비하고 있습니다.

3. 성격의 장단점

저는 매사에 끈기가 있고, 한 곳에 몰두하는 타입입니다. 학과공부와 아르바이트를 병행하기 힘들었지만 인내심을 가지고 목표를 향해 달렸습니다. 그 결과 배낭여행 밑천 300만 원이라는 돈을 모으고 성적 우수 장학금도 탔습니다. 패션쇼 스텝으로 일할 때 여러 가지 일이 한꺼번에 주어져서 정신이 없었습니다. 몸도 마음도 힘들었지만 우선순위를 정해서 즐거운 마음으로 일을 하니까 행복을 느낄 수 있었습니다. 제 웃는 모습과 유머에 다른 스텝들도 기분 좋게 일했던 기억이 납니다.

반면에 토론을 할 때 의견을 논리정연하게 제시하는 부분이 좀 부족한 편입니다. 그래서 이 점을 보완하기 위해 소리 내어 책을 읽거나 독서토론 동아리 활동 등을 통해 계속 보완하기 위해 노력하고 있습니다.

4. 특기사항 및 직장체험

현재 의류기사와 양장기능성 자격증을 가지고 있으며, 실제로 옷을 수선하고 디자인할 수 있는 능력을 인정받아, 올 여름에는 박○아 패션쇼에 스텝으로 참여하기도 하였습니다. 저는 일찍부터 디자이너는 예술가이면서 동시에 의류기술자라고 생각합니다. 모든 사람에게 가장 알맞은 옷을 가장 멋지게 입게 하는 것이 저의 목표이며, 3학년 1학기 때 (주)박○아 디자인에서 2개월간 인턴으로 직장체험을 하면서 전공에 대해서도 배우고 직장생활의 여러 가지를 경험한 것이 기억에 남습니다. 항상 남들보다 먼저 출근하여 일을 시작하였고 솔선수범하여 사장님으로부터 여러 차례 칭찬을 받았습니다.

5. 지원동기 및 포부

귀사에 입사하면 저의 전공인 패션디자인과 관련된 분야에서 디자인 업무와 마케팅 업무를 해보고 싶습니다. 여러 기업체 중에서 귀사를 선택하게 된 것은 귀사가 고객에 대해 펼치고 있는 'Before Service'에 감명을 받았기 때문입니다. 귀사의 경영방침인 '고객을 위한 무한 봉사'에 걸맞은, 고객의 입장에서 고객의 불편함을 호소하기 전에 미리 불편한 점을 해결해주는 시스템을 보면서 이 직장이야말로 내가 꼭 근무해 보고 싶다는 욕심이 들었습니다. 저는 수시로 패션관련 국내외 저널을 구독하면서 관심분야에서 새로운 정보도 얻고, 앞으로 취업 후 하게 될 일들을 미리 준비하고 있습니다.

저는 패션디자인 분야에서 세계 최고가 될 준비가 되어 있습니다.

사업의 협력파트너를 구하는 심정으로 지원합니다. 귀사에서 인재를 원하신다면 큰 꿈을 펼칠 수 있는 기회를 검증해 보지 않겠습니까?

2011년 2월 26일

미래의 세계적인 디자이너 최 ○○ (인)

출처 정하선 외(2014). 성공적인 취업과 진로지도. 공동체.

Worksheet X-2 자기소개서 작성

지원분야	

01 성장과정

02 성격의 장단점

003 학창시절 및 특기사항

004 경력사항 및 봉사활동

005 지원동기 및 포부

3 면접

최근 기업들은 지원자의 스펙도 중요하지만 내면적인 인성의 중요성을 인식하고 면접을 통해 이러한 부분을 파악하기 위해 노력하고 있다. 스펙은 교육과 훈련을 통해 향상시킬 수 있지만 인성이나 가치관, 태도 등은 교육이나 훈련으로 개선시키기에는 한계가 있기 때문이다. 따라서 면접의 비중은 갈수록 높아지고 있다.

1) 면접전형의 이해

면접은 리더십, 논리력, 표현력, 이해력, 판단력, 협조성, 적극성, 적응력, 창의력, 전공지식, 외국어 능력 등에 관한 질문을 통해 지원자의 기본 자질과 소양, 가치관, 업무 적성을 질문을 통해 평가하는 것을 말한다. 면접전형은 입사를 위해 넘어야 하는 최종단계의 평가이며 서류심사에서 우열을 가리기 힘든 지원자들을 뽑거나 탈락시키기 위함이라고도 볼 수 있다. 면접전형은 지원자들의 능력 중에서도 서류에서 보여줄 수 없는 재능을 짧은 시간 안에 보여줄 수 있는 기회이기 때문에 입사를 위해 준비했던 노력들을 효과적으로 발휘할 수 있어야 한다. 또한 면접에서는 실수를 줄이는 것이 관건이므로 충분히 준비된 상태에서 면접에 임할 수 있도록 한다.

2) 유형에 따른 면접

최근에는 획일적인 면접형식에서 벗어나 지원분야에 따라 특성화된 실무형 면접을 실시하는 경우가 늘어나고 있다. 자신이 지원하는 회사의 면접유형에 대해 파악하고 있다면 효과적으로 면접에 대처할 수 있을 것이다. 잡코리아 좋은일 연구소(2014)에서는 5가지 면접 유형에 따라 지원자가 자신을 홍보하는 방법을 제시하였는데 구체적인 내용은 다음과 같다.

(1) 개별면접

개별면접은 차분하고 자연스러운 1분 PR이 무엇보다 중요하다. 일대일로 진행되는 개별면접의 경우 편안하면서도 차분한 면접 분위기에 맞게 자신을 PR해야 한다. 다소 시간적 여유를 두고 진행되기 때문에 짧다고 느껴지지 않을 정도로 약 1분 동안 자기 PR을 하는 것이 유리하다. 너무 짧게 자기 PR을 할 경우에는 회사에 대한 관심이 부족해 보일 수 있기 때문이다. 1분이라는 시간을 충분히 활용해 암기식의 PR보다는 핵심 키워드 중심으로 이야기를 전개하는 것이 자연스럽다.

(2) 집단면접

집단면접은 업무역량과 조직융합, 창의력에 대해 어필해야 하며 45초가 적당하다. 집단면접은 다대다로 진행되기 때문에 지원자들 간의 차별화 되는 자기 PR전략이 중요하다. 그렇기 때문에 제한된 시간 안에 자신을 어필하기 위해서는 길지 않게 45초 내로 짧지만 강하게 자신을 PR하는 것이 바람직하다. 직무나 지원 회사와 관련된 제품에 대한 비유를 통한 PR방식이나 별명과 색상 등에 대한 PR방식을 가져가는 것이 타인과 차별화 할 수 있는 좋은 방법이다.

(3) 토론면접

토론면접은 경청과 자기주장의 조화가 요구된다. 토론면접에서의 자기 PR은 시간제한이 있으므로 토론에 방해가 되지 않도록 간단하게 자기주장을 펼치는 것이 중요하다. 특히 토론의 주제와 관련된 키워드를 잡아 자신을 어필하는 것이 평이한 자기 PR방법 보다 위트 있게 보일 수 있다. 또한, 토론에서는 자기주장 만큼 중요한 것이 경청이다. 상대방의 의견을 귀담아 들을 줄 알아야 올바른 답변을 할 수 있기 때문이다.

(4) PT면접

PT면접은 직무에 대한 열정과 비전을 제시하는 것이 핵심이다. PT면접의 경우 발표시간이 5분에서 길면 10분 이내로 진행되기 때문에 자기 PR을 할 때는 20초 이내로 이름과 지원부문 중심으로 짧게 준비해야 한다. 직무와 관련 수식어를 이용해 브랜드 네이밍(brand naming)으로 자신을 PR하는 것도 좋은 전략이 될 수 있다. 직무와 관련된 수식어로 짧게 표현하는 것이 단순하면서도 간결해 면접관에 좋은 기억을 남길 수 있다.

(5) 임원면접

임원면접은 인성중심으로 회사에 대한 열정을 과감하게 드러내야 한다. 임원면접은 직무의 비중보다는 인성에 대한 비중이 더 큰 면접이다. 이 때문에 기업에 대한 열정과 감성을 이용한 자기 PR방법이 요구된다. 무거운 면접 분위기를 다소 재미와 감동을 주는 자기 PR이 유리할 수 있다. 인간성과 열정을 보이는 것이 핵심이다. 면접관을 웃음 짓게 하는 것이 합격의 확률을 높일 수 있다는 것을 명심해야 한다.

3) 면접에 임하는 자세

(1) 면접날 이전

면접회사에 대한 정보를 최대한 수집하고 예상 면접사항을 다시 한 번 체크한다. 면접을 가기 전 회사에 대한 정보를 꾸준히 습득하고 간다면 좋은 인상을 남길 수 있다. 적어도 면접일 1주일 전부터는 회사에 대한 충분한 정보를 확인하여 기본적인 것은 외우고 가도록 한다. 면접복장은 미리 준비해서 잘 손질해 둔다. 새로 구입한 옷이나 구두는 처음 입거나 신으면 불편하고 다른 사람이 보기에도 어색한 경우가 많으므로 최소한 두 세 번은 착용하여 몸에 익숙해지도록 한다.

(2) 면접날 아침

충분한 수면으로 안정감을 유지하고 평상시보다 조금 일찍 일어난다. 시사적인 뉴스 내용은 질문대상이 될 수 있으므로 특히 경제면, 정치면, 문화면 등을 유의해서 읽도록 한다. 시사성 높은 기사에 대한 질문을 통해 지원자의 현실인식을 확인함으로써 세계화와 정보화시대에 부응하는 인재인지를 판단하게 된다.

(3) 면접 직전

회사 정문을 통과하는 순간부터 면접은 이미 시작된 것이다. 면접시간 1시간 전에는 도착하도록 한다. 그리고 대기실에서는 긴장을 풀고 침착하고 바른 자세로 기다리면서 수험상의 유의점이나 순서를 잘 듣도록 한다. 면접 순서가 다가오면 옷차림을 다시 가다듬은 후 긴장감으로 얼굴이 굳어지지 않도록 심호흡을 한다. 본인 차례가 호명되면 정확하게 대답하고 조용히 면접장으로 들어간다.

(4) 면접 시작

면접실 문이 닫혀 있는 경우, 면접실 앞에 서서 가볍게 노크를 두 번하고 들어오라는 말이 있으면 조용히 문을 열고 들어간다. 면접실에 들어서서 면접관이 자리를 권하면 정해진 자리에 정자세로 바르게 앉도록 한다. 시선은 정중앙을 바라보고 표정이 경직되지 않도록 유의하면서 질문을 기다린다. 면접관의 질문에 적당한 목소리 크기로 분명하고 정확하게 대답한다. 이때 결론을 먼저 말하고 설명은 뒤로 미룬다. 대답을 할 때는 자신감 있게 말하되 성급하게 대답하기보다는 자기 의견을 잘 정리해서 2초 정도의 시간을 두고 여유 있게 답변하는 것이 좋은 인상을 준다. 만약 질문의 내용이 이해가 되지 않을 때에는 '죄송합니다. 다시 한 번 말씀해 주십시오'라고 질문을 내용을 다시 확인하고 대답하는 용기를 갖도록 한다.

(5) 면접 종료

개별면접인 경우에는 면접관이 면접시험이 끝났음을 알리면 정중하게 인사를 한 후에 조용히 의자에서 일어나 문을 열고 나간다. 집단면접인 경우에는 다른 사람의 질문이 끝날 때까지 바른 자세로 경청하고 면접이 끝나면 동시에 모두 일어나 인사를 하는 경우가 일반적이므로 함께 행동하는 것이 중요하다.

취업준비생 면접 복장 전략

옷차림은 첫인상을 좌우하는 큰 역할을 한다. 특히 면접 같은 짧은 시간에 지원자의 매력을 어필하려면 복장에도 신경을 써야 한다. 취업시즌을 맞아 취업준비생들이 어떤 옷차림으로 면접관을 만나면 좋을지 패션업계에 물어봤다. 전문가들은 면접 때 단정하면서도 신뢰감을 줄 수 있는 옷차림에 초점을 맞추라고 주문했다.

• 남성은 단정하고 신뢰감을 주는 '기본 슈트'

남성 취업준비생의 경우 간결하면서도 단정한 기본 슈트가 '베스트'로 꼽혔다. 화려하거나 복잡한 색상, 레이어링(겹쳐입기)보다는 기본 슈트가 무난한 선택이다. 여기에 멋을 더하고 싶다면 셔츠와 타이의 소재나 컬러에 다소 활기를 주라고 권했다.

우선 네이비(남색) 색상의 슈트에 흰색, 푸른색 계열의 셔츠와 타이를 매치하면 가장 기본적인 스타일을 완성할 수 있다. 회색, 먹색 등 모노톤 슈트는 안정감과 신뢰감을 줄 수 있다.

최근 유행에 따라 허리와 어깨부분이 꼭 맞는 디자인을 선택하면 몸의 선을 강조할 수 있다. 더블버튼 재킷은 피하는 것이 좋다.

짙은색 슈트를 골랐다면 셔츠는 밝은색이 적당하다. 지나치게 화려한 문양이나 강한 색은 피해야 한다. 신입사원의 활기를 더하고 싶다면 조직감을 살린 연한 체크나 스트라이프 셔츠로도 충분하다. 무늬가 없는 소재의 셔츠는 단정한 느낌을 강조할 수 있다.

바지는 일자 라인을 고르면 한층 다리가 길어 보이는 효과를 기대할 수 있다. 소재의 경우 일명 '은갈치 양복'으로 불릴 법한 과도한 광택 소재는 피하는 게 좋다.

넥타이는 지원 기업의 CI(기업이미지) 혹은 브랜드 성격에 맞는 색으로 선택하면 된다. 지원하는 분야가 광고, 패션, 디자인 등이라면 개성을 어필하는 것도 좋다. 지나치게 튀는 색이나 디자인 대신 작은 액세서리 등의 디테일에서 차별화할 것을 주문했다.

• 여성은 직군에 맞는 깔끔한 복장 추천

여성 취업준비생의 복장은 스타일상에서 선택지가 넓어지지만 단정함과 신뢰감에 초점을 맞춰야 한다는 원칙은 같다.

너무 화려한 옷보다 호감을 주면서도 지원한 직군에 맞는 의상이 좋다. 전문가들은 지원한 업계의 성향을 미리 파악해 지원기업 혹은 브랜드 색깔이 잘 드러나도록 면접복장을 준비할 것을 권했다.

금융권이나 공기업 지원자라면 모노톤의 투피스 등 클래식한 의상을 추천했다. 군더더기 없는 깔끔한 디자인의 의상으로 신뢰감을 강조해야 하기 때문이다. 안정감 있는 무릎 기장의 스커트와 같은 색상톤의 재킷을 매치하면 좋다는 설명이다.

패션, 광고, 디자인 직종에 지원한다면 보다 밝은 색상과 유행을 가미할 것을 조언했다. 지나치게 개성을 강조하기 보다는 화사함을 더하는 정도가 알맞다. 흰색과 베이지 등 밝은 컬러의 재킷으로 화사한 느낌을 주고 여기에 스커트를 매치하도록 한다.

출처 한국경제(www.hankyung.com). 2014. 12. 23.

Worksheet X-3 면접질문 연습

01

다음은 면접에 자주 나오는 질문의 예들이다. 질문에 대한 답변을 작성해 보자. 완성되면 2명이 면접관과 지원자가 되어 모의면접을 실시해 보자.

예상질문	예상답변
자신의 장점 3가지를 말해보세요.	
왜 우리 회사를 지원했습니까?	
휴일근무를 어떻게 생각합니까?	
상사와 의견이 다를 때는 어떻게 하실 건가요?	
학점이 별로 좋지 않은데 이유는 무엇입니까?	
최근에 흥미 있는 뉴스는 무엇인가요?	
(여성지원자) 결혼하면 직장은 어떻게 하실 건가요?	
지원자의 이름으로 3행시를 지어보세요.	

학습정리

001

이력서는 기업의 인사담당자에게 자신을 보여주는 최초의 서류이다. 이력서를 작성할 때는 자신이 지원한 분야에 적절한 인재라는 것을 충분히 부각하면서 본인의 열정과 그동안 쌓아온 모든 것들을 담아낼 수 있어야 한다.

002

자기소개서는 주로 성장과정이나 학창생활, 성격의 장 · 단점, 지원 동기, 장래 계획 등의 항목으로 구성되어 있다. 특히 어떠한 동기로 입사를 희망하게 되었고, 어떤 업무를 맡고 싶은지, 그리고 어떤 자세로 업무에 임할 것인지가 명확하게 드러날 수 있도록 간결한 문장으로 표현하도록 한다.

003

면접은 리더십, 논리력, 표현력, 이해력, 판단력, 협조성, 적극성, 적응력, 창의력, 전공지식, 외국어 능력 등에 관한 질문을 통해 지원자의 기본 자질과 소양, 가치관, 업무 적성을 질문을 통해 평가하는 것을 말한다.

종합평가

• 평가 준거

학습내용	평가항목		성취수준		
			우수	보통	미흡
취업준비	지식	이력서의 구성요소 이해			
		자기소개서 구성요소 이해			
		면접 준비와 절차 이해			
	수행	이력서 작성 능력			
		자기소개서 작성 능력			

• 평가 방법

— 학습자 평가 : 수행평가(시험형)

수행평가지

2016학년도 1학기

과목명	인성과 진로	교수명	
학과		학번	
이름		일자	

• (서술형) 이력서 작성을 할 때 주의할 점 3가지를 서술하시오.

• (선택형) 자기소개서 작성방법에 대한 설명으로 옳은 것을 고르시오.

① 자기소개서는 항상 설명으로 시작해서 결론으로 맺도록 한다.
② 자기소개서에 자신의 경력사항과 특이사항을 빠짐없이 모두 기술한다.
③ 자기소개서는 막연하고 추상적인 표현보다는 구체적 사례를 들어 작성한다.
④ 회사에서 정한 자기소개서 양식보다 개성 있는 나만의 자기소개서 양식을 사용한다.

• (선택형) 다음의 면접의 유형에 관한 내용이다. 옳으면 ○를, 틀리면 ×를 하시오.

① 집단면접은 차분하고 자연스러운 1분 PR이 무엇보다 중요하다. ( )
② 토론면접은 기업에 대한 열정과 감성을 이용한 PR방법이 요구된다. ( )
③ 개별면접은 암기식의 PR보다는 핵심 키워드 중심으로 PR한다. ( )
④ 임원면접은 직무관련 수식어를 이용해 브랜드 네이밍으로 PR한다. ( )

— 교수자 평가: 체크리스트

평가영역	평가내용	성취 수준		
		우수	보통	미흡
취업준비에 관한 지식	1. 이력서의 구성요소와 작성방법을 설명할 수 있는가?			
	2. 자기소개서의 구성요소와 작성방법을 설명할 수 있는가?			
	3. 면접 준비의 내용과 절차를 설명할 수 있는가?			
취업준비에 관한 능력	3. 이력서 작성방법에 따라 자신의 이력서를 작성할 수 있는가?			
	4. 자기소개서의 작성방법에 따라 특별한 자기소개서를 작성할 수 있는가?			
계				
피드백 방안				

체크리스트 활용법

- 성취수준은 '문항별 취득점수합계÷문항 수=평균점수'로 하며, 우수(3점), 보통(2점 이상), 미흡(2점 미만)을 의미한다.
- '우수'는 학습자가 해당 항목을 완벽하게 수행해내는 것을 의미한다.
- '보통'은 학습자가 해당 항목을 양호한 상태로 수행해내는 것을 의미한다.
- '미흡'은 학습자가 해당 항목을 제대로 수행해내지 못함을 의미한다.
- 성취수준이 2점 미만일 경우 '학습 저조자'로 판정하여 추후 학습자 개인 또는 교수자 차원에서 무엇을 해야 할 것인지 구체적인 피드백 방안을 제시한다.

학습모듈 I 인성교육

Q1 다음은 인성의 구성요소를 설명한 것이다. 적절한 용어를 괄호 속에 적어보시오.

① 긍정성

② 에티켓

③ 친화와 협력성

④ 자제력과 통제력

Q2 인사요령을 구체적으로 설명하시오.

- 인사는 항상 명랑하고 활기차게 먼저 한다.
- 곧은 자세를 취하고, 인사 전후에 상대방의 눈을 보며 미소를 짓는다.
- 목례는 15도, 보통례는 30도, 정중례는 45도 정도로 상체를 숙인다.
- 목과 허리를 곧게 한 상태에서 상반신 전체를 동시에 숙인다.
- 숙일 때보다는 조금 빠른 속도로 몸을 일으킨다.
- 다리를 가지런히 하고 무릎사이는 붙인다.
- "안녕하십니까?", "반갑습니다" 등의 인사말을 주고받는다.

Q3 다음은 전화 받는 요령을 구체적으로 설명하시오.

- 벨이 두 번째 울릴 때 받는 것이 좋다.
- 평소 때보다 더욱 명랑하고 친절한 목소리로 응대한다.
- 수화자 소개를 여유 있게 한다. "감사합니다. ○○○입니다."
- 상대방을 확인하고 용건을 묻는다.
- 대화가 끝나면 마무리 인사를 하고 전화를 끊는다. 이때 전화를 건 사람이 먼저 끊는다.
- 잘못 걸려 온 전화도 친절하게 맞아 안내한다.
- 다른 직원에게 바꾸어 주어야 할 때, "잠시만 기다려 주십시오. ○○○님을 바꾸어 드리겠습니다."

학습모듈 II 자아인식

Q1 다음은 Holland 직업흥미검사에 대한 설명이다. (A), (B)에 들어갈 적절한 용어를 적어보자.

- (A) – 예술형 (B) – 진취형
- Holland 직업흥미검사는 사람의 흥미를 여섯 가지 유형, 즉 현실형, 탐구형, 예술형, 사회형, 진취형, 관습형으로 분류했다.

Q2 MBTI성격유형 검사의 특징을 설명하시오.

- 마이어스-브릭스 유형 지표(Myers-Briggs Type Indicator; MBTI)는 캐서린 쿡 브릭스와 그의 딸 이사벨 브릭스 마이어스(Isabel B.Myers)가 칼 융의 성격유형 이론을 근거로 개발한 성격 유형의 선호지표이다. 이 검사는 16개의 성격유형으로 구분되며, 개인이 타고난 선천적인 기질을 통해 개인의 강점과 보완해야 할 성향과 인간관계 유형과 선호하는 직업적 성향을 알아봄으로써 일상생활, 대인관계, 직업장면에서 활용할 수 있다.

Q3 다음은 MBTI성격유형에 대한 설명이다. 이와 관련하여 괄호 안에 맞으면 ○를, 틀리면 ×를 표시해 보자.

- ESTP는 성인군자형이다. (×)
- INFP는 잔다르크형이다. (○)
- ENTP는 발명가형이다. (○)
- ENFJ는 지도자형이다. (×)
- ISTP는 백과사전형이다. (○)

학습모듈 III 자기관리

Q1 다음 두 괄호 안에 공통적으로 들어 갈 용어를 적어보자.

- 조미료: 셀리에(Selye)는 '스트레스는 인생의 조미료'라고 표현했다. 조미료 없는 음식이 맛이 없는 것처럼, 스트레스 없는 인생도 맛이 없다는 것이다. 즉, 스트레스 수준이 지나치게 높거나 낮은 것은 몸에 해롭지만 적정 수준을 유지하는 것은 오히려 건강에 좋다는 것이다.

Q2 시험준비를 위한 START기법 세 가지를 적어보자.

- 대충읽기(Skim)
- 소제목을 질문으로 바꾸기(Answer the question)
- 질문의 답 외우기(Recite the answer to the question)

Q3 프레젠테이션의 3원칙을 쓰고 설명해보자.

- 알기 쉽게 : 프레젠테이션을 할 때 어려운 말을 사용할수록 청중의 집중력은 떨어진다. 알기 쉬운 우리말로 명쾌하게 표현해야 한다.
- 간결하게 : 필요한 것은 빠짐없이 챙기고, 필요 없는 것은 과감하게 생략한다.
- 인상 깊게 : 감정을 실어 생기 있게 이야기를 해서 청중을 감동시킬 수 있어야 한다.

학습모듈 IV 인간관계

Q1 다음 괄호 안에 들어갈 적절한 용어를 적어보자.

• 인맥지수: 지난 20세기가 지능지수(IQ)나 감성지수(EQ)를 중시하는 시대였다면 21세기는 정보망 지수인 인맥지수가 경쟁력을 좌우하는 시대라고 할 수 있다. 따라서 인맥에도 세심한 관리가 필요하며 성공적인 인맥을 만들어 가는 것이 무엇보다 중요하다고 볼 수 있다.

Q2 바람직한 인맥관리 방법을 세 가지 이상 적어보자.

• 한 시간에 한 번은 "안녕하세요", "고맙습니다"라고 말한다.
• 하루에 한 번은 인맥 다이어리를 체크한다.
• 1주일에 한 번은 오직 나만을 위한 시간을 갖는다.
• 유연한 사고를 갖는다.
• 상대방을 칭찬한다.

Q3 나-전달법의 3단계를 사례를 통하여 설명해보자.

• 1단계(행위 설명) : 너가 약속시간에 제대로 오지 않은 것
• 2단계(감정 표현) : 내가 속상하다.
• 3단계(상대방 행위가 나에게 끼친 구체적 영향) : 나를 중요하게 생각하지 않는 것 같아서

학습모듈 V 리더십

Q1 다음 괄호 안에 들어갈 적절한 용어를 적어보시오.

• 셀프리더십: 리더십의 유형으로는 서번트 리더십(servant leadership), 팔로워십(followership), 셀프리더십(self leadership)이 있다.

Q2 리더십의 구성요소를 적어보자.

• 섬김
• 대인관계
• 인격
• 자기계발

Q3 대학생 리더십 10계명을 적어보자.

1. 행사에 적극 참여하라.
2. 임원을 맡아라.
3. 동호회를 개설하라.
4. 리더십을 간접 체험하라.

5. 말하기 연습하라.
6. 자기 PR하라.
7. 능동적으로 생각하라.
8. 언행일치하라.
9. 봉사활동 하라.
10. 성공한 자신의 모습을 그려라.

학습모듈 VI 진로탐색

Q1 진로탐색의 필요성에 대해 서술하시오.

- 진로탐색은 자신을 이해하고 자신의 성향과 능력이 어떠한 직업에 적합한지를 알아보는 과정으로 진로를 계획하고 직업을 선택하는 데 있어 반드시 필요한 절차이다.

Q2 다음은 진로탐색에 대한 설명이다. 빈칸에 들어갈 적절한 용어를 적으시오.

- 직업심리검사: 올바른 진로를 선택하려면 개인의 특성을 객관적으로 파악하는 것이 무엇보다 중요한데, 그 역할을 하는 것이 직업심리검사이다. 더불어 개인의 특성과 직업에서 요구하는 특성을 매칭시켜 적합한 직업분야를 제시해주기도 한다.

Q3 직업선택의 목적을 바르게 설명한 것을 고르시오.

③ : 자기계발형은 자신이 타고난 소질을 계발하려는 장인정신에서 직업을 선택한다.

학습모듈 VII 진로설계

Q1 진로설계를 위한 준비에 관한 그림이다. 빈칸에 들어가 내용을 적으시오.

- 직업탐색: 진로설계를 위한 준비에는 자기탐색, 직업탐색, 직무분석이 있다.

Q2 다음은 목표설정에 대한 설명이다. (A), (B)에 들어갈 적절한 용어를 적으시오.

- (A): 장기목표, (B): 단기목표
- 목표는 다른 사람의 강요나 요청에 의해서 수립하는 것이 아니라 스스로 자신의 능력을 평가하고 이를 바탕으로 자신에게 맞는 인생의 장기목표를 설정하고 그것을 달성할 수 있는 실현가능한 구체적인 단기목표를 세워 계획적으로 실천하는 것이다.

Q3 목표설정 법칙에 대한 설명으로 옳으면 ○, 틀리면 ×를 하시오.

- X, O, X, O

- ① '언젠가 부자가 될 거야' 대신 '3년 동안 3천만 원을 모을거야'가 측정가능한 목표이다.
  ② 올해 토익 450점을 받겠다는 달성이 가능한 구체적인 목표이다.
  ③ '올해는 금연할 거야' 보다는 '오늘 하루 금연을 하겠다'가 실현가능한 목표이다.
  ④ 매일 한 사람씩 도와주어야겠다는 행동 중심적인 목표이다.

학습모듈 VIII 경력개발

Q1 다음은 경력개발에 대한 설명이다. (A), (B)에 들어갈 용어를 적으시오.

- (A): 경력계획, (B): 경력관리
- 경력개발은 자신과 자신의 환경 상황을 인식하고 분석하여 합당한 경력 관련 목표를 설정하는 과정으로써 경력개발과 이를 준비하고 실행하며 피드백 하는 경력관리로 이루어진다.

Q2 경력개발이 필요한 이유 3가지를 환경적 차원에서 작성해 보시오.

- 불안한 고용시장
- 늘어나는 비정규직
- 줄어드는 정년

Q3 대학생이 개발할 수 있는 경력 3가지를 작성해 보시오.

- 학점관리
- 어학점수 획득
- 자격증 취득
- 대외 활동 : 봉사활동, 인턴, 아르바이트, 해외연수 등

학습모듈 IX 취업전략

Q1 취업전략의 개념을 서술하시오.

- 취업전략은 구체적인 취업목표를 설정하고 희망직업을 명확히 선택하여 관련 기업 또는 목표 기업에서 요구하는 역량이 무엇인지 살펴 체계적으로 준비하는 것을 의미한다.

Q2 다음은 기업에 대한 설명이다. 빈칸에 들어갈 용어를 적어보시오.

- (A): 대기업, (B): 중소기업
- 대기업은 대규모의 생산자본과 판매조직을 갖추고 있어서 경제뿐만 아니라 한 나라의 사회, 문화, 정치에 막대한 영향력을 가지고 있는 기업이다. 반면 중소기업은 종업원 수, 자본금, 총자산, 자기자본, 매출액 등에서 규모가 상대적으로 작은 기업을 말한다.

Q3 온라인을 통해 분석해야 하는 기업정보 3가지를 작성해 보시오.
- 기업의 비전
- 인재상
- CEO의 인사말
- 그 외 : 사업 분야, 복리후생, 채용정보 등

학습모듈 X 취업준비

Q1 이력서 작성을 할 때 주의할 점 3가지를 서술하시오.
- 간단명료하되 구체적으로 작성한다.
- 과장 없이 솔직하게 기술한다.
- 오타가 없도록 깔끔하게 작성한다.

Q2 자기소개서 작성방법에 대한 설명으로 옳은 것을 고르시오.
- ③ : 자기소개서는 막연하고 추상적인 표현보다는 구체적 사례를 들어 작성한다.

Q3 다음의 면접의 유형에 관한 내용이다. 옳으면 ○를, 틀리면 ×를 하시오.
- ×, ×, ○, ×
- ① 집단면접은 업무역량과 조직융합, 창의력에 대해 어필해야 한다.
  ② 도론면접은 경청과 지기주장의 조화기 요구된다.
  ③ 개별면접은 암기식의 PR보다는 핵심 키워드 중심으로 PR한다.
  ④ 임원면접은 기업에 대한 열정과 감성을 이용한 PR방법이 요구된다.

참고문헌

강나경(2012). **생활예절과 이미지메이킹.** 경기: 공동체.

김봉환(2000). **학교진로상담**. 서울: 학지사.

김은석, 고영혁, 한유석, 허용무(2011). **자기계발로드맵**. 경기: 공동체.

김창민, 강희양, 김동원, 이난, 이흔정, 정필영, 최혜란(2011). **대학생과 리더십.** 서울: 홍릉과학출판사.

대동대학교 교수학습센터(2014). **인성과 직업기초능력**. 부산: 대동대학교.

박윤희(2013). **진로탐색 및 직업선택**. 서울: 시그마프레스.

손연아, 이석열, 이은화, 이희원, 장상필, 전명남, 조용개(2007) **성공적인 대학생활을 위한 학습전략 포트폴리오**. 서울: 학지사.

유민임(2013). **대학생을 위한 인성예절교육**. 서울: 창지사.

유용미, 황소영(2003). **인맥지도를 그려라**. 서울: 아라크네.

이규은, 이영선(2014). **직업기초능력의 이해와 개발**. 서울: 동문사.

이무근, 이찬(2012). **대학생의 진로멘토링**. 경기: 교육과학사.

이영희, 이복희, 이현길, 조정융, 김인기, 김종표(2010). **자기주도형 인성과 경력개발.** 서울: 한국전문대학교협의회.

이원설, 강헌구(2003). **아들아! 머뭇거리기에는 인생이 너무 짧다**. 서울: 한언.

이종목, 이계윤, 김광운(2003). **스트레스를 넘어 건강한 삶 가꾸기**. 서울: 학지사.

이현택(2013). **스펙광풍을 이기는 자소서 면접: 족집게 특강**. 서울: 마음상자.

이형국, 권오관, 강기원(2013). **한권으로 끝내는 경력개발과 취업전략**. 서울: 한올.

정명화, 최인근, 서영호, 김대경, 김진숙, 강동권, 형정은(2014). **성공적인 직무수행을 위한 자기개발능력 워크북: 진로설계능력**. 부산: 동의과학대학교.

정선영(2013). **대학생을 위한 진로탐색과 경력개발**. 경기: 공동체.

정하선, 양정안, 곽민경, 정유나(2014). **성공적인 취업과 진로지도**. 경기: 공동체.

조관일(2014). **N형인간, 스펙 위의 스펙, 인성이 답이다**. 서울: 현문.

커리어경력개발연구소(2011). **커리어취업백과사전**. 서울: 은행나무.

한국산업인력공단(2014). **자기개발능력**. 울산: 한국산업인력공단.

허은아(2007). **눈치코치 직장매너.** 서울: 지식공작소.

황매향, 김연진, 이승구, 전방연(2012). **진로탐색과 생애설계**. 서울: 학지사.

스티븐 코비(1994). **성공하는 사람들의 7가지 습관.**(김경섭, 유광태 역). 서울: 김영사.

하이럼 스미스(1998). **성공하는 시간관리와 인생관리를 위한 10가지 자연법칙.**(김경섭, 이경재 역). 서울: 김영사.

저자소개

하정연
부산대학교 대학원 유아교육학과 박사
전) 부산대학교 부설 어린이집 원장
현) 동원과학기술대학교 유아교육과 교수

오정희
부산대학교 대학원 유아교육학과 박사
전) 부산대학교 교육발전연구소 전임연구원
현) 동원과학기술대학교 유아교육과 교수

NCS 기반 직업기초능력(자기개발능력) 향상을 위한
인성과 진로

초판 1쇄 발행 / 2015년 2월 10일
초판 7쇄 발행 / 2020년 3월 25일

공저자 / 동원과학기술대 교수학습개발센터
하정연 · 오정희
발행인 / 이 중 수
발행처 / **동 문 사**

서울특별시 서대문구 홍제원 1길 12
(홍제동 137-8)
Tel : 02)736-3718(대), 736-3710, 3720
Fax : 02)736-3719
등록번호 : 1974.04.27 제9-17호
가격 : 15,000원

ISBN : 978-89-8251-735-8(93370)
E-mail : dong736@naver.com
www.dongmunsa.com